全国高职高专道桥与市政工程专业规划教材

道路工程制图与识图实训

主　编　常小会　斯庆高娃
副主编　周　茹　何　俊
主　审　龚景毅

黄 河 水 利 出 版 社
·郑州·

图书在版编目(CIP)数据

道路工程制图与识图实训/常小会,斯庆高娃主编.—郑州:黄河水利出版社,2014.1　(2019.8　修订版重印)
全国高职高专道桥与市政工程专业规划教材
ISBN 978-7-5509-0635-8

Ⅰ.①道…　Ⅱ.①常…②斯…　Ⅲ.①道路工程-工程制图-高等职业教育-教材②道路工程-工程制图-识别-高等职业教育-教材　Ⅳ.①U412.5

中国版本图书馆 CIP 数据核字(2013)第 284558 号

组稿编辑:王路平　电话:0371-66022212　E-mail:hhslwlp@ 163.com
　　　　　陈俊克　　　　66026749　　　　hhslcjk@ 126.com

出 版 社:黄河水利出版社　　网址:www.yrcp.com
　　　地址:河南省郑州市顺河路黄委会综合楼 14 层　　邮政编码:450003
发行单位:黄河水利出版社
　　　发行部电话:0371-66026940、66020550、66028024、66022620(传真)
　　　E-mail:hhslcbs@ 126.com
承印单位:河南承创印务有限公司
开本:787 mm×1 092 mm　1/16
印张:5
字数:120 千字　　印数:8 001—11 000
版次:2014 年 1 月第 1 版　　印次:2019 年 8 月第 3 次印刷
　　　2019 年 8 月修订版

定价:16.00 元

前　言

本书是根据《教育部关于全面提高高等职业教育教学质量的若干意见》(教高[2006]16 号)、《教育部关于推进高等职业教育改革创新引领职业教育科学发展的若干意见》(教职成[2011]12 号)等文件精神,由全国水利水电高职教研会拟定的教材编写规划,在中国水利教育协会指导下,由全国水利水电高职教研会组织编写的道桥与市政工程专业规划教材。该套规划教材是在近年来我国高职高专院校专业建设和课程建设不断深化改革和探索的基础上组织编写的,内容上力求体现高职教育理念,注重对学生应用能力和实践能力的培养;形式上力求做到基于工作任务和工作过程编写,便于"教、学、练、做"一体化。该套规划教材是一套理论联系实际、教学面向生产的高职高专教育精品规划教材。

本书与全国高职高专道桥与市政工程专业规划教材《道路工程制图与识图》(黄河水利出版社出版,常小会、斯庆高娃主编)配套使用。道路工程制图与识图是一门实践性较强的课程,实训是实践性教学的重要环节,本实训的编写指导思想、体系、章节编排顺序等与教材完全一致。本实训是使学生掌握道路工程制图基本知识、熟悉基本技能、理解和加深制图基本理论与作图方法、提高读图与绘图能力的重要途径,供学生课后练习与制图综合练习使用。

本书编写人员及编写分工如下:安徽水利水电职业技术学院常小会编写前言,第一、二章;内蒙古机电职业技术学院斯庆高娃编写第三、四、八章;山西水利职业技术学院周茹编写第五、六章;安徽水利水电职业技术学院何俊编写第七章;杨凌职业技术学院李荣华编写第九、十章;安徽水利水电职业技术学院倪宝艳编写第十一、十二章。本书由常小会、斯庆高娃担任主编,常小会负责全书统稿;由周茹、何俊担任副主编;由山东水利职业学院龚景毅担任主审。

由于编者水平有限,编写时间仓促,书中难免存在不当和错误之处,恳请读者批评指正。

编　者

2019 年 8 月

目　录

1-1 汉字练习	班级		姓名		学号		页次	1

制 图 校 核 审 定 比 例 技 术 要 求 姓 名 材 料 班 级

1-2　字母和数字练习(一)	班级		姓名		学号		页次	2

A B C D E F G H I J K L M N O P Q R S T U V W X Y Z

a b c d e f g h i j k l m n o p q r s t u v w x y z

1-3　字母和数字练习(二)	班级		姓名		学号		页次	3

A B C D E F G H I J K L M N O P Q R S T U V W X Y Z

a b c d e f g h i j k l m n o p q r s t u v w x y z

1-4 字母和数字练习(三)	班级		姓名		学号		页次	4

0 1 2 3 4 5 6 7 8 9   *0 1 2 3 4 5 6 7 8 9*

1-5　图线练习	班级		姓名		学号		页次	5

1.在下面指定位置分别画出6种线型的水平线。

2.以中心线的交点为圆心，过其线上给出的点，由大到小依次画粗实线圆、虚线圆、点画线圆和细实线圆。

1-6 尺寸标注	班级		姓名		学号		页次	6

检查图中尺寸标注的错误，并在下面图中改正。

(1)

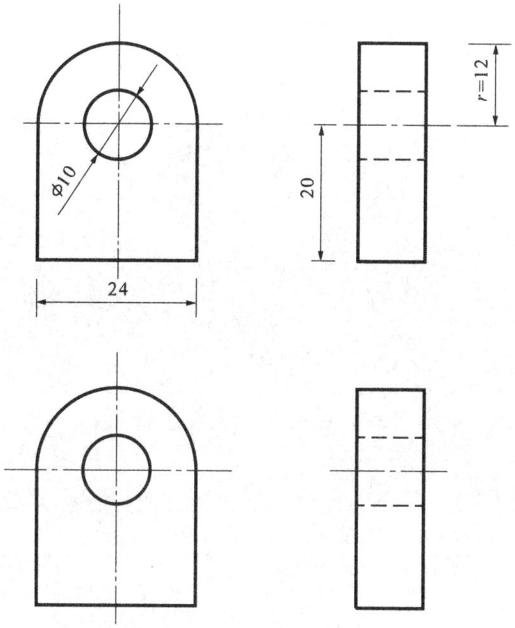

(2)

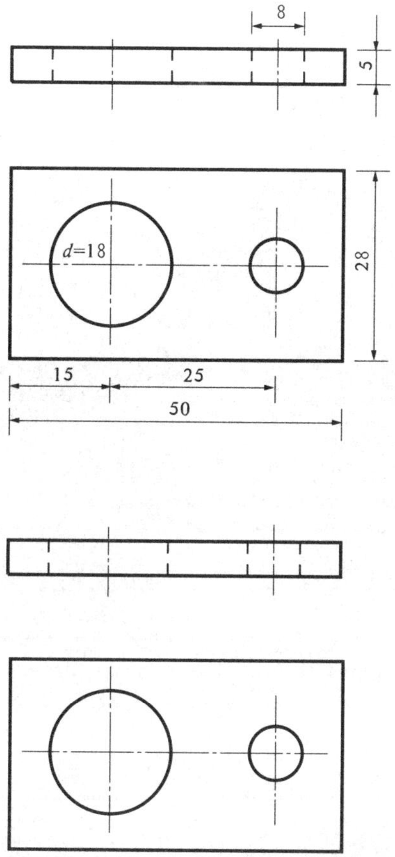

1-7　几何作图(一)	班级		姓名		学号		页次	7

在A3图纸上绘制图示平面图形，并标注尺寸。

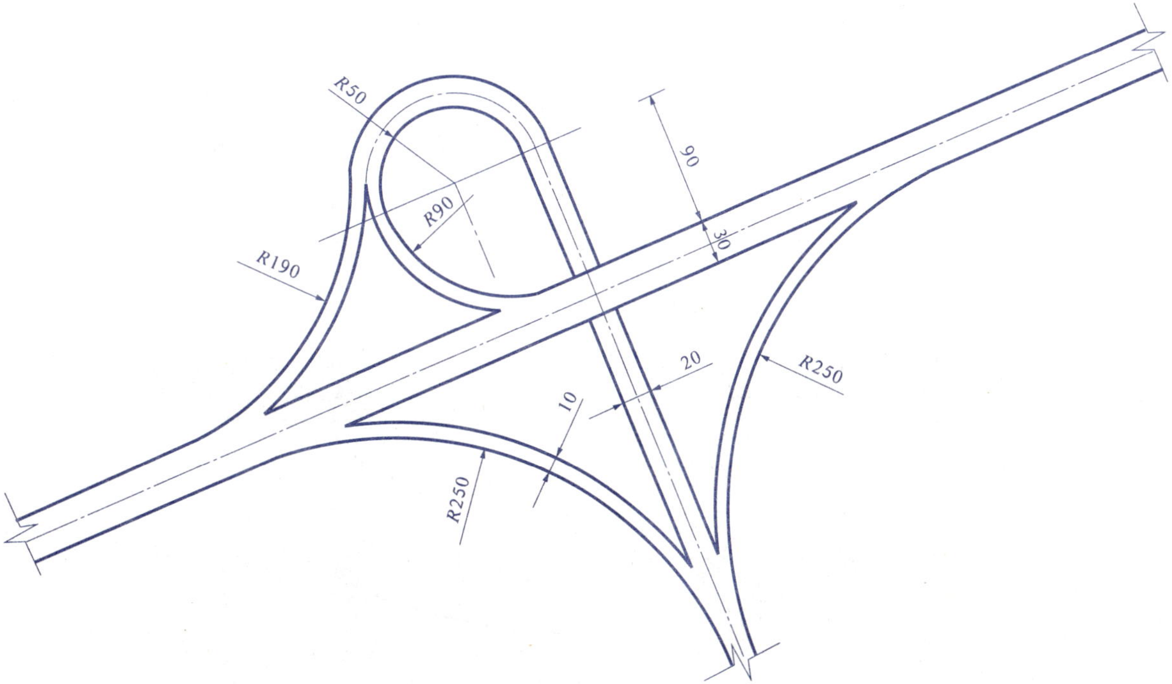

1∶5

1-8 几何作图(二)	班级		姓名		学号		页次	8

在A3图纸上绘制图示平面图形,并标注尺寸。

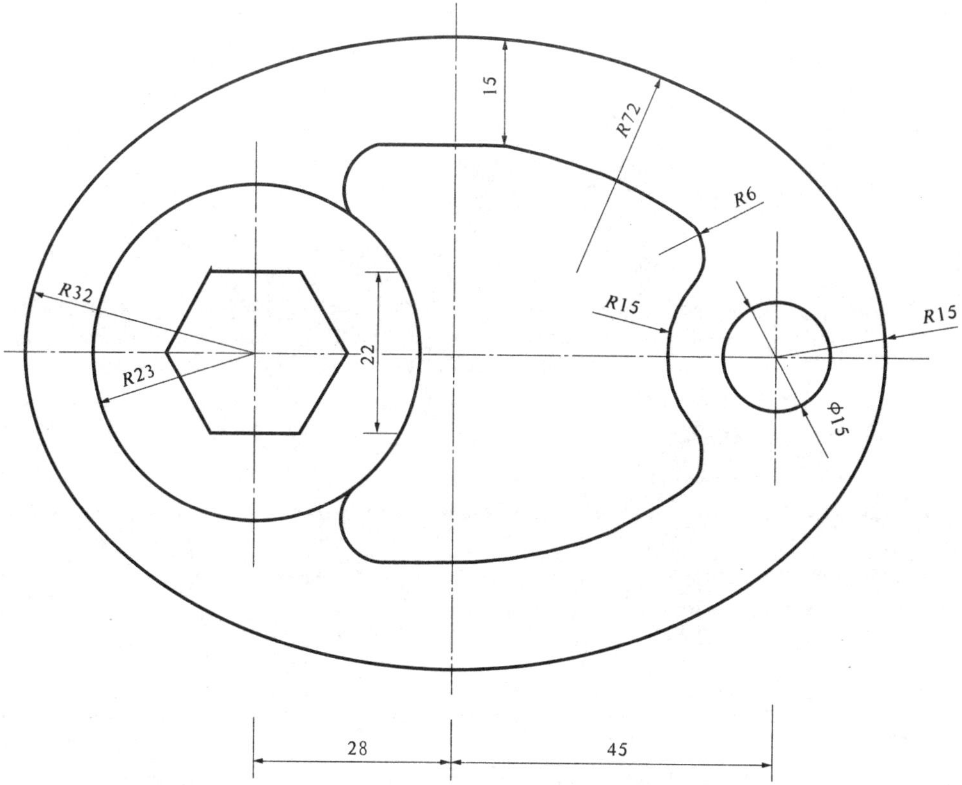

1:1

2-1 物体的三视图	班级		姓名		学号		页次	9

根据立体图找出物体的三视图。

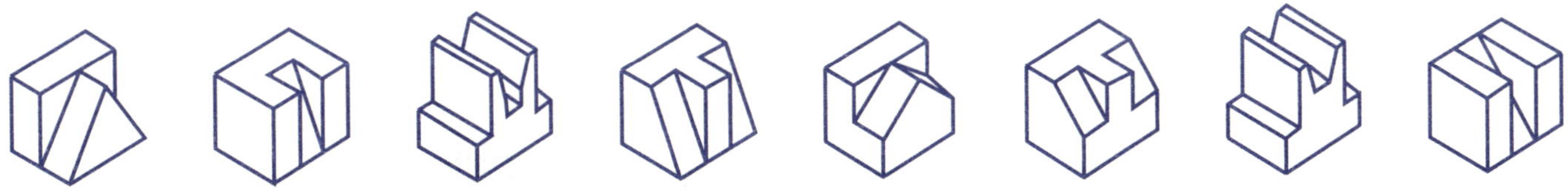

(1) (2) (3) (4) (5) (6) (7) (8)

( )

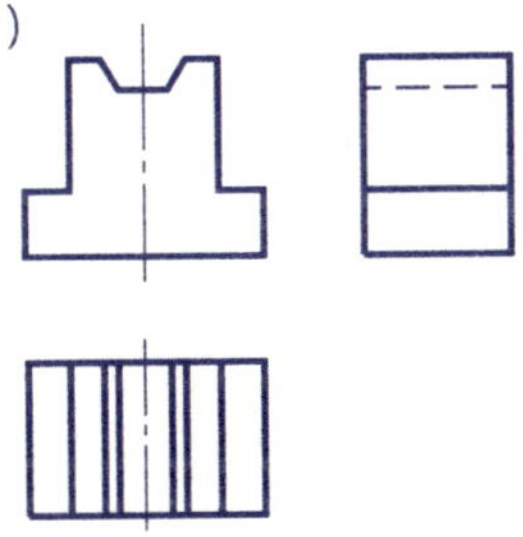

( )

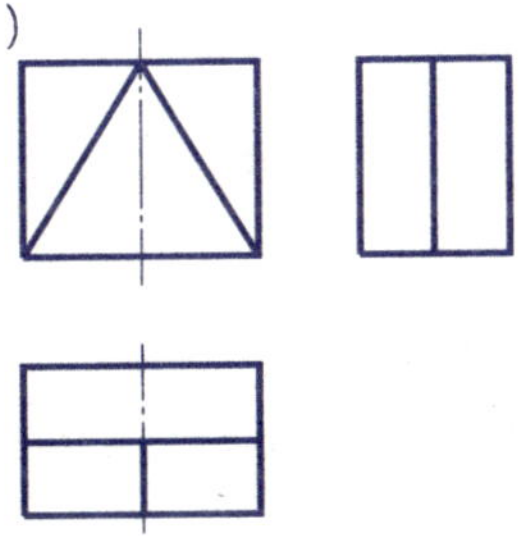

( )

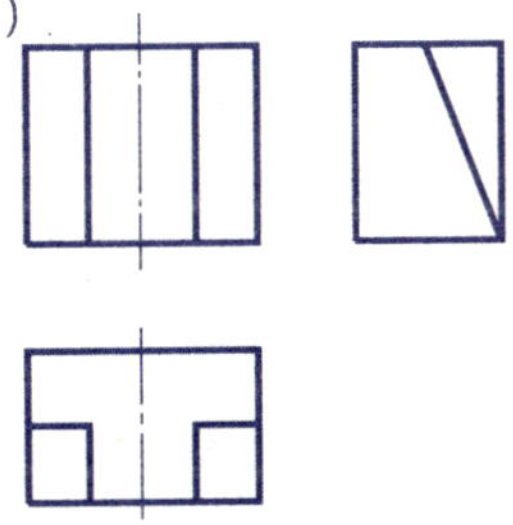

( )

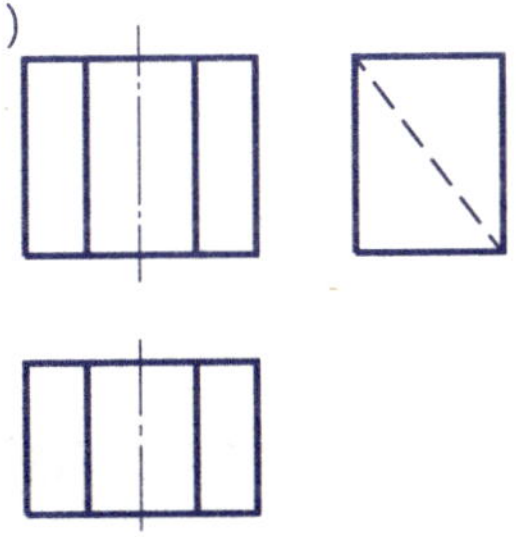

( )

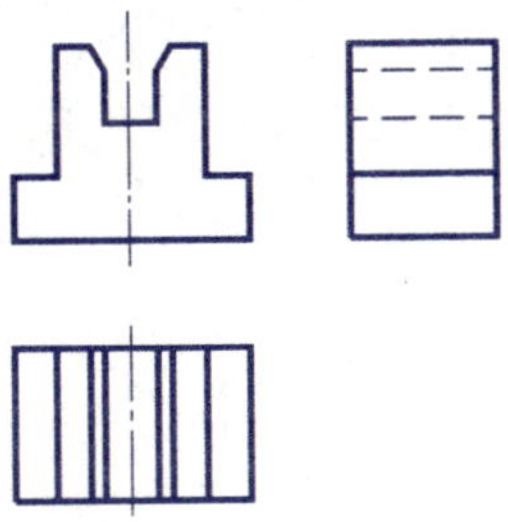

( )

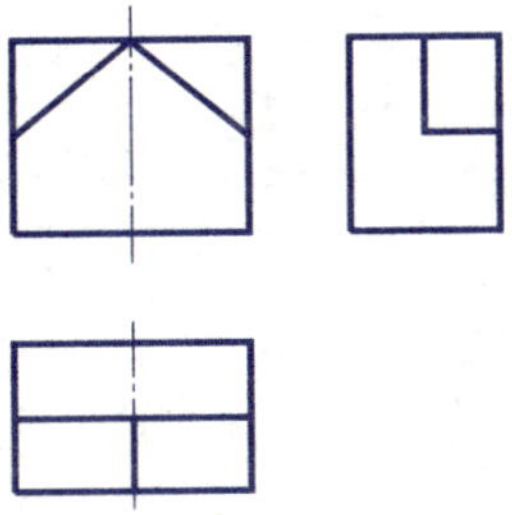

( )

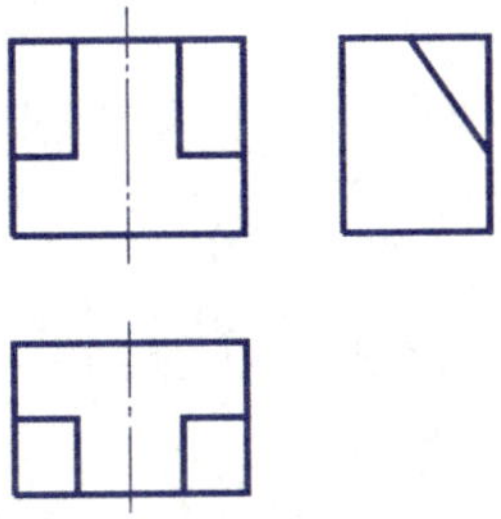

( )

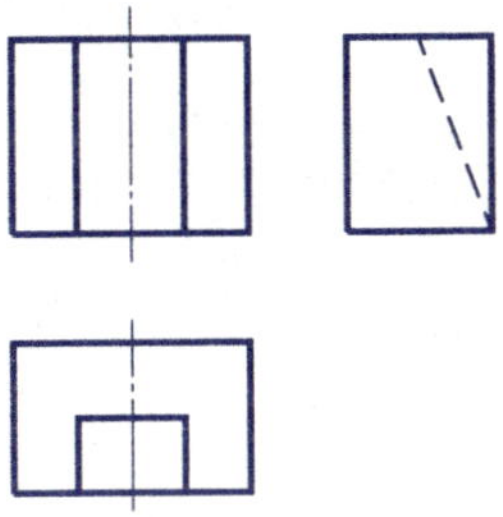

2-2　补画第三视图	班级		姓名		学号		页次	10

(1)

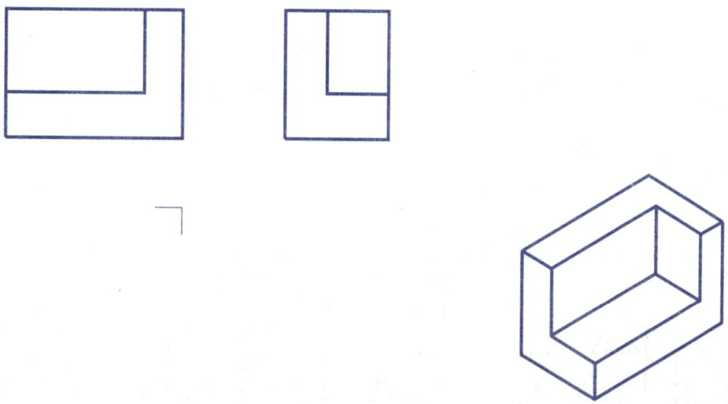

(2)

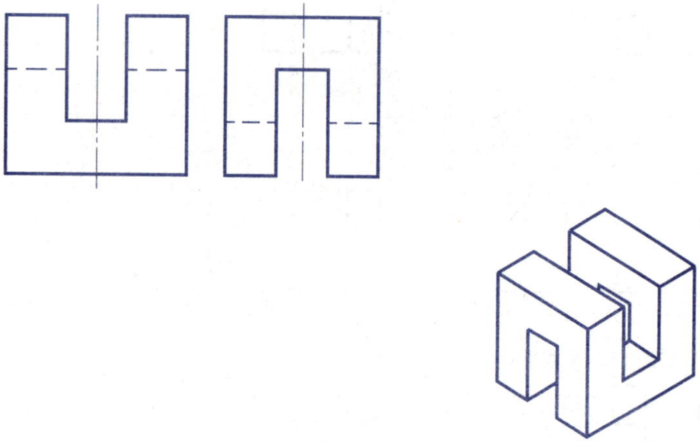

(3)

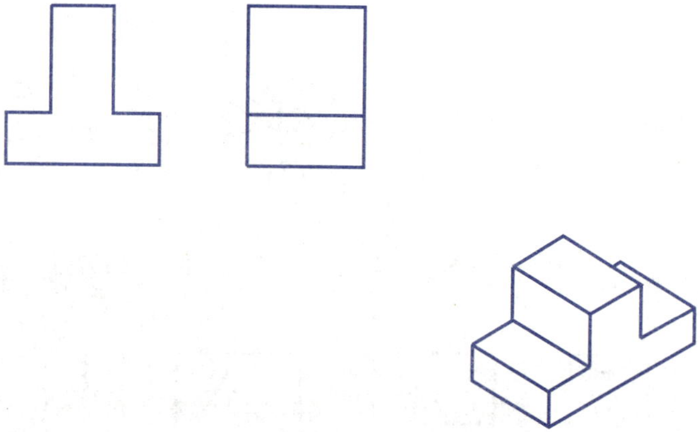

(4)

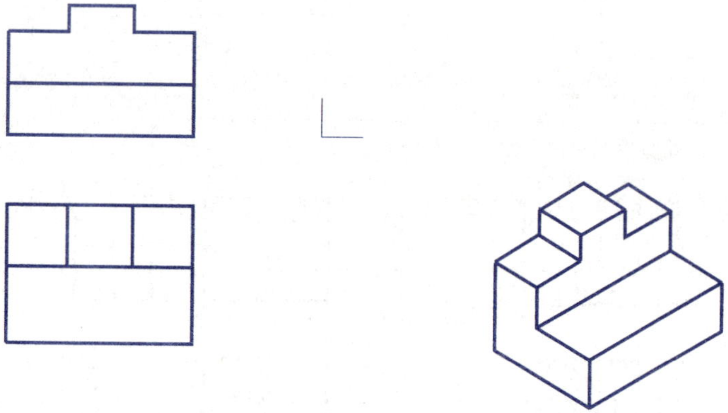

2-3 画出与轴测图相对应的三视图	班级		姓名		学号		页次	11

(1)

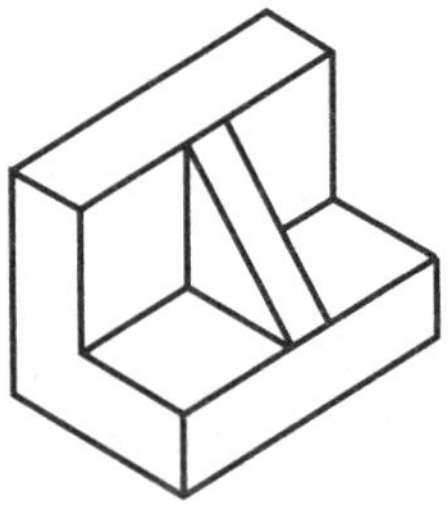

(2)

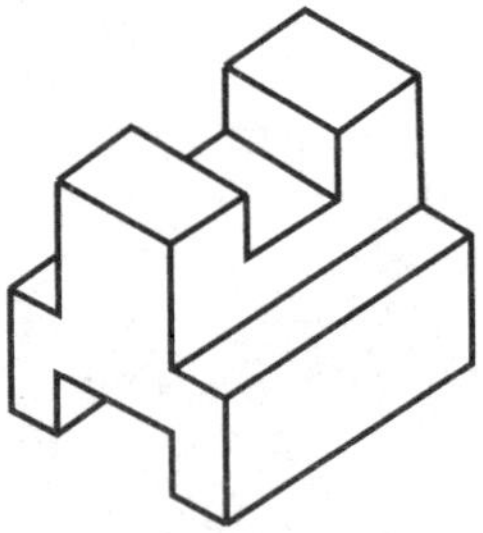

(3)

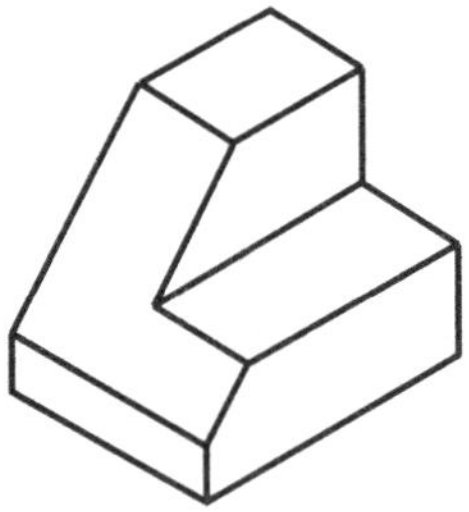

(4)

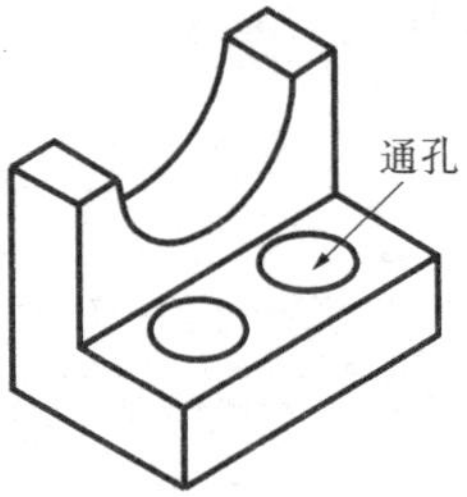

2-4　画出三视图中所缺的线	班级		姓名		学号		页次	12

(1)

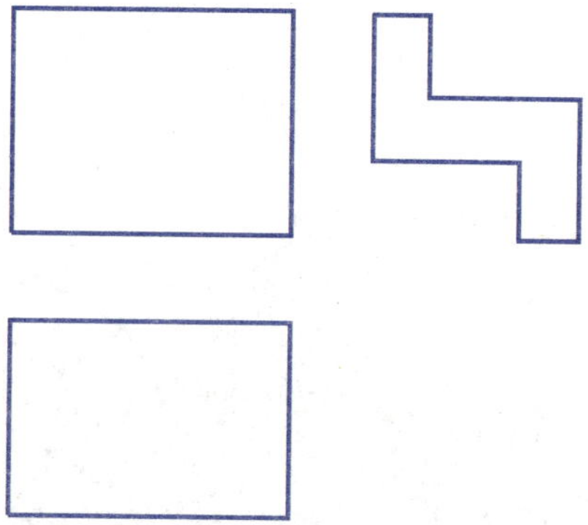

(2)

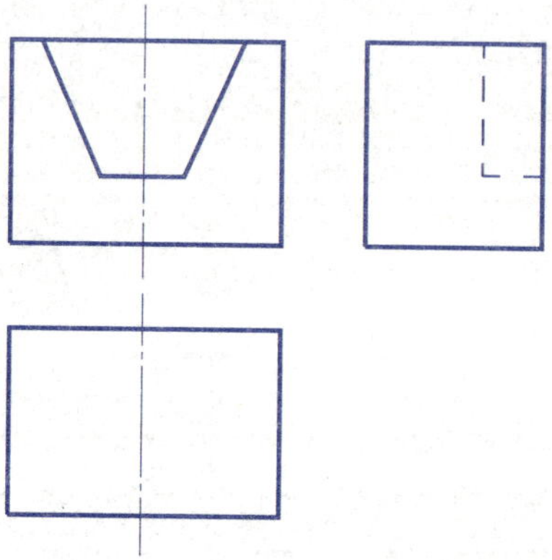

(3)

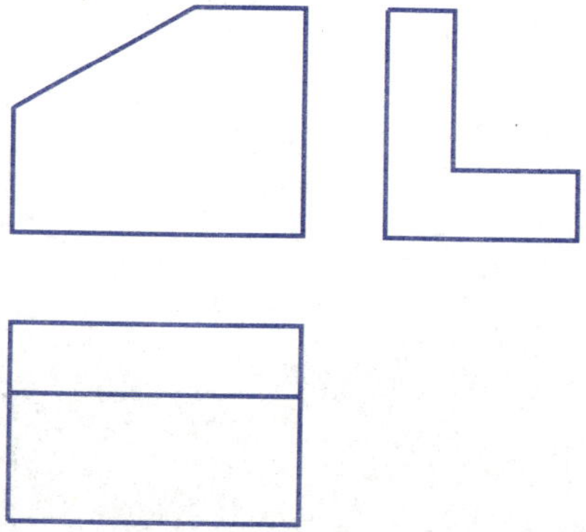

(4)

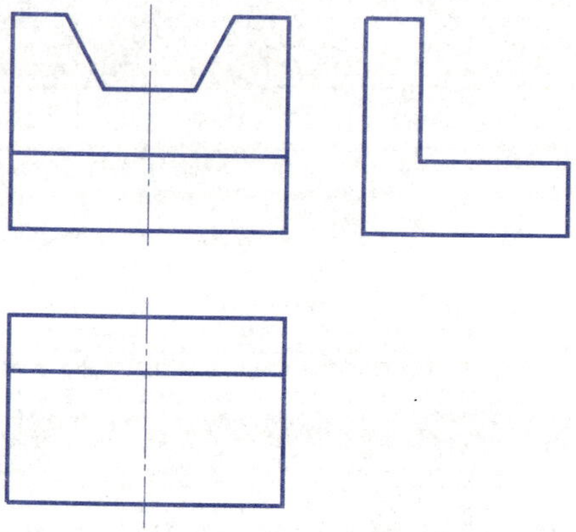

3-1　点的投影	班级		姓名		学号		页次	13

1.由立体图画出A、B、C三点的三面投影图。

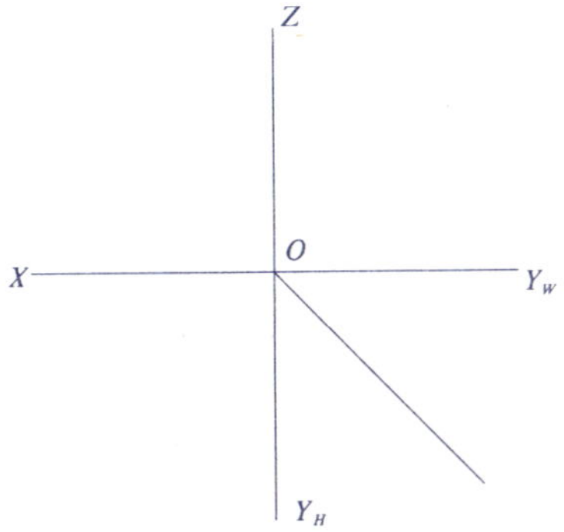

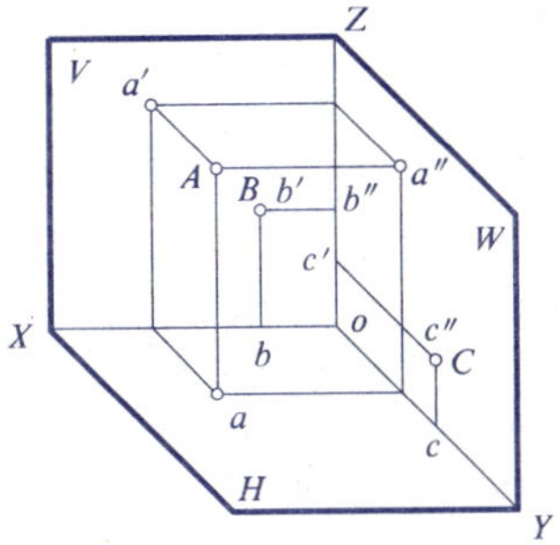

2.根据A、B两点的两面投影，补画出第三面投影，并画出A、B两点的直观图。

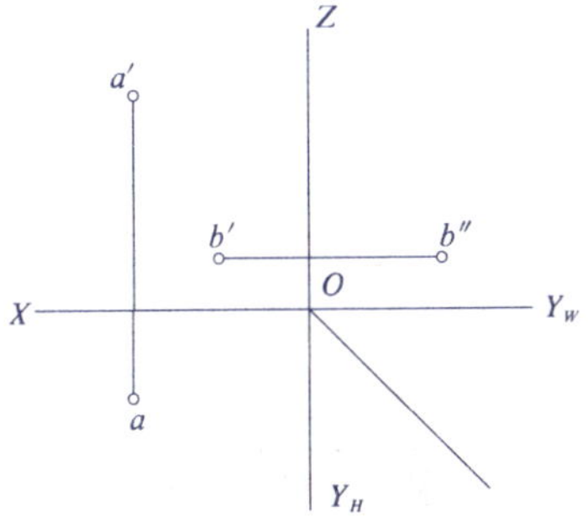

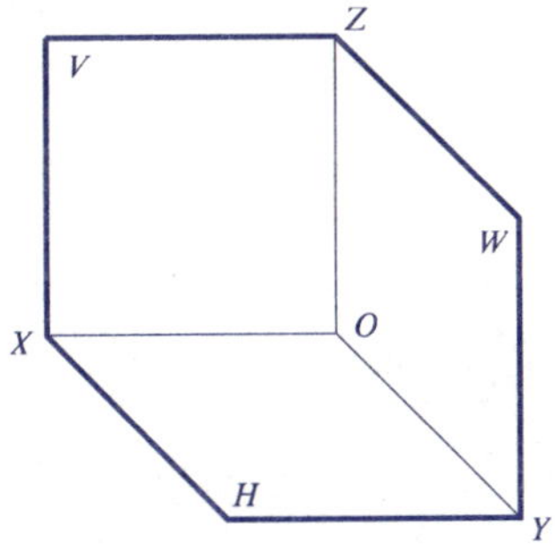

3-2　直线的投影(一)	班级		姓名		学号		页次	14

1.根据直线的两面投影画出第三面投影，并画出其直观图。

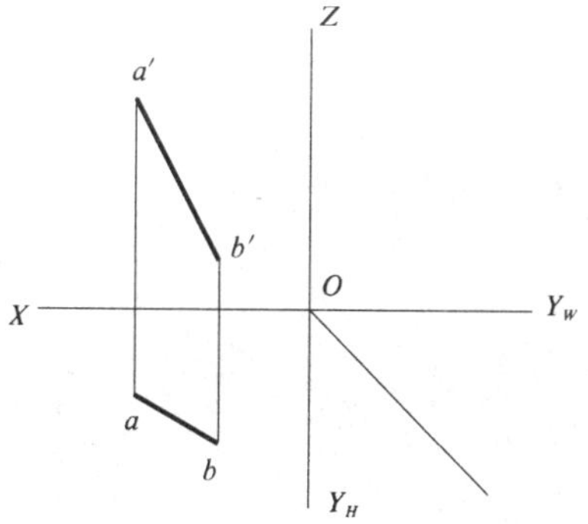

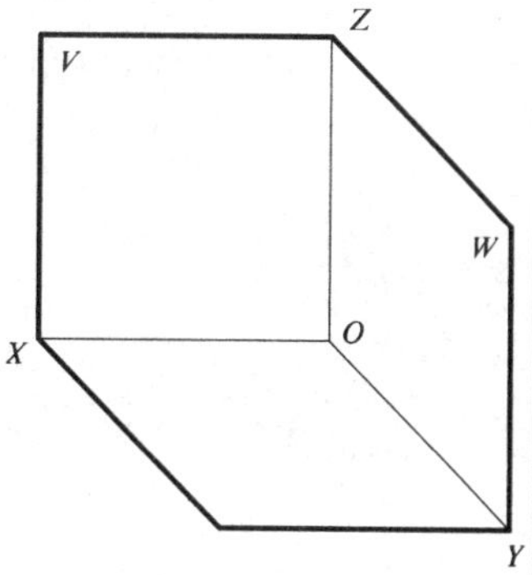

2.已知正平线AB的V面投影，且已知AB距V面的距离为20 mm，补全AB的三面投影图。

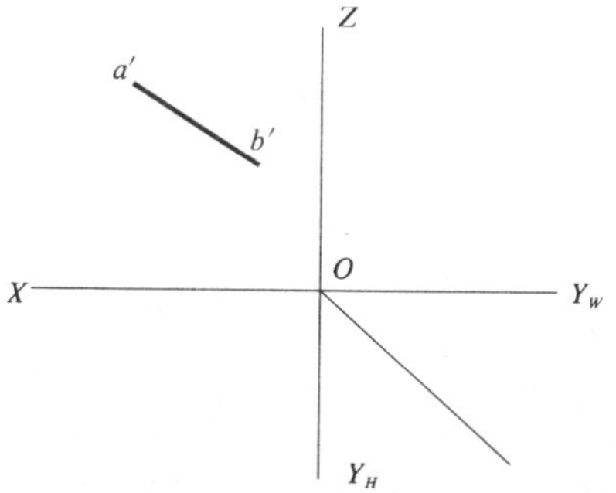

3.已知水平线CD的H面投影，且已知CD距H面的距离为25 mm，补全CD的三面投影图。

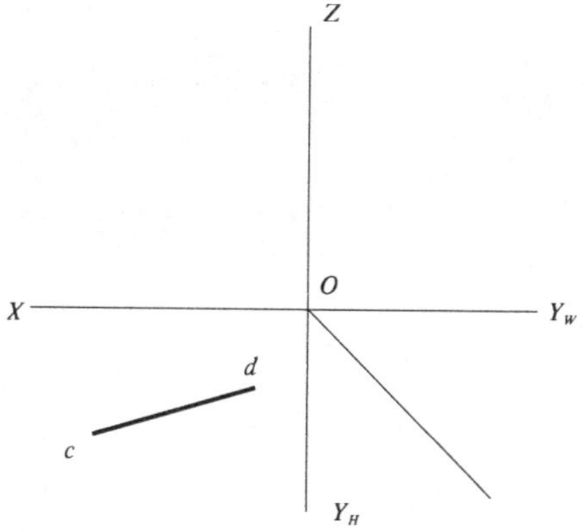

3-3 直线的投影(二)	班级		姓名		学号		页次	15

1.在物体的三面投影图中标出点A、B、C、A_1、B_1、C_1，并判断直线对投影面的相对位置。

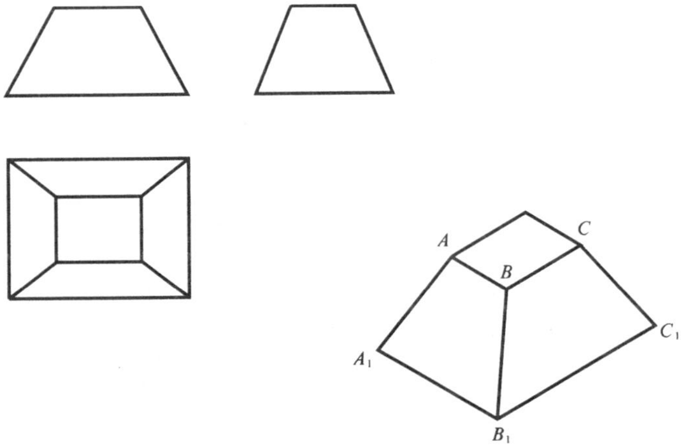

AB是________线；BC是________线；BB_1 是________线。

2.M、N分别为直线AB和CD上的点，补全M和N的投影图。

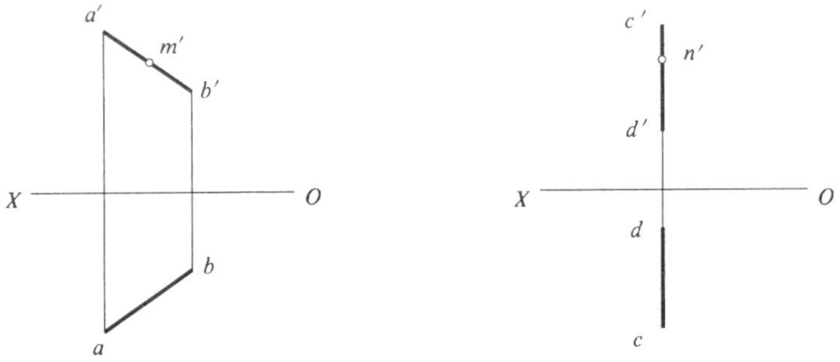

3.判别直线AB与CD的相对位置(平行、相交、交叉)。

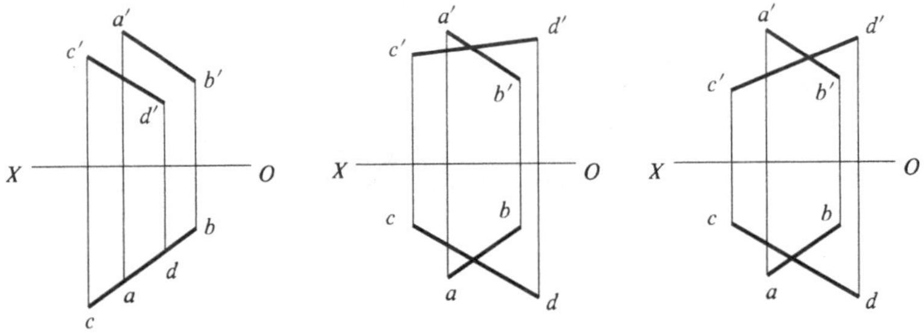

__________　　__________　　__________

3-4　平面的投影(三)	班级		姓名		学号		页次	16

1.根据平面的两面投影，补画出第三面投影图。

(1)

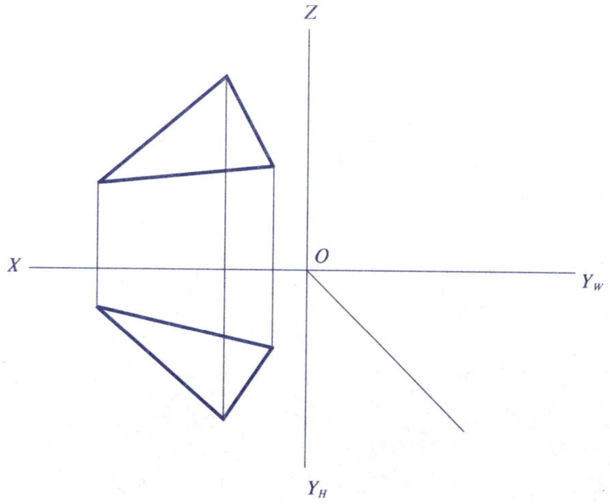

(2)

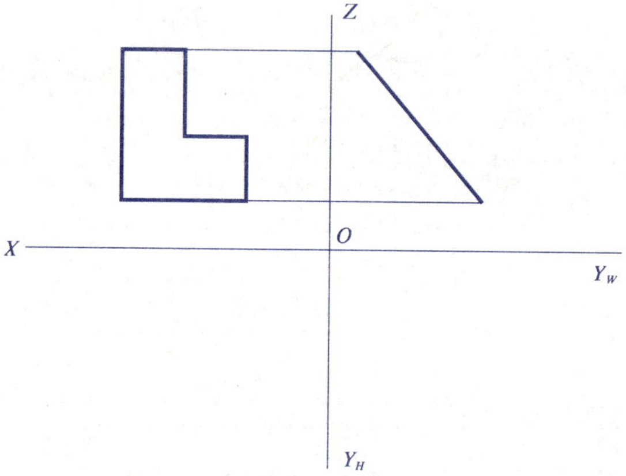

2.在投影图上标出立体图上各平面的三面投影，并写出其空间位置。

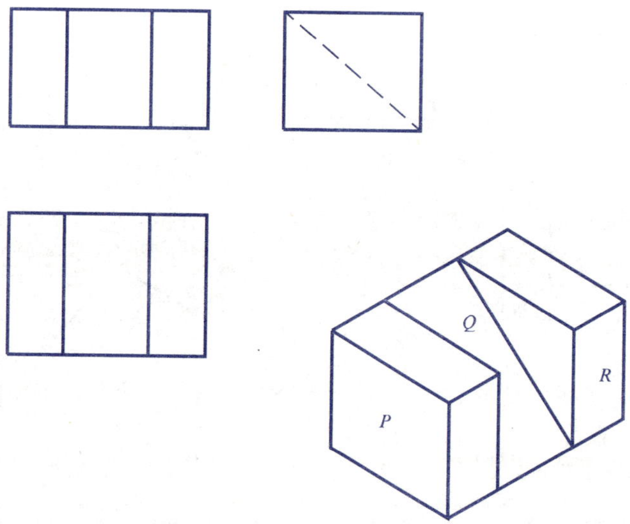

P是 ________ 面；Q是 ________ 面；R是 ________ 面。

3-5 平面的投影(四)	班级		姓名		学号		页次	17

1. 判断平面*ABC*、*SAB*、*SAC*的空间位置。

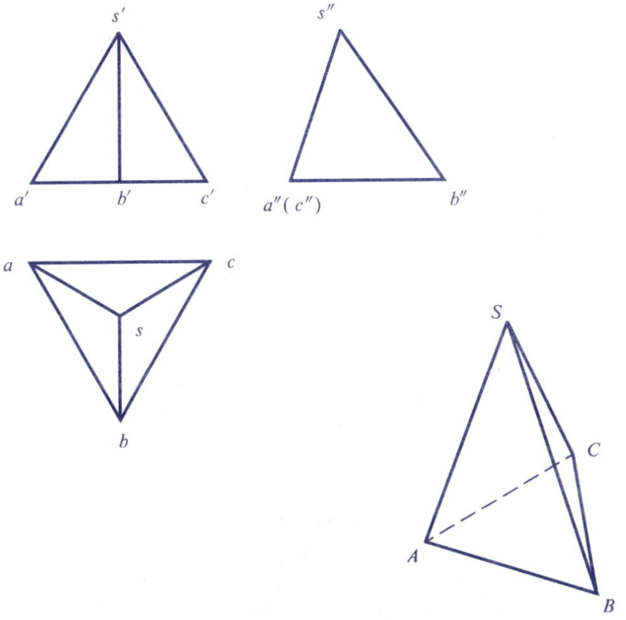

△*ABC*是________面；△*SAB*是________面；
△*SAC*是________面。

2. 已知*M*点和*N*点是平面*ABC*上的点，试作出*M*点和*N*点的水平投影图。

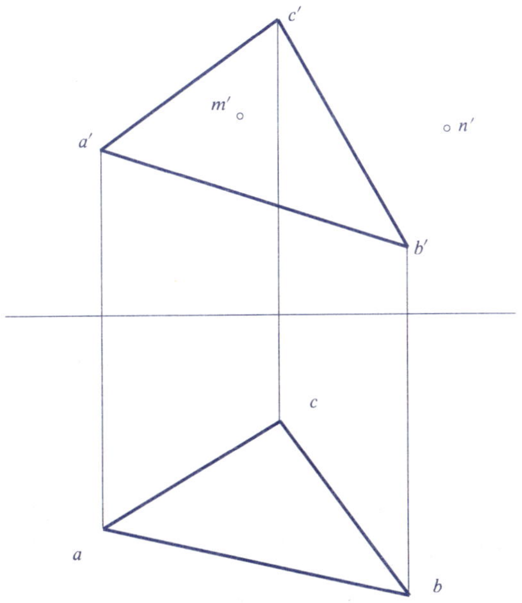

3-6　直线与平面、平面与平面相交(一)	班级		姓名		学号		页次	18

1. 求直线EF与平面ABC的交点，并判别其可见性。

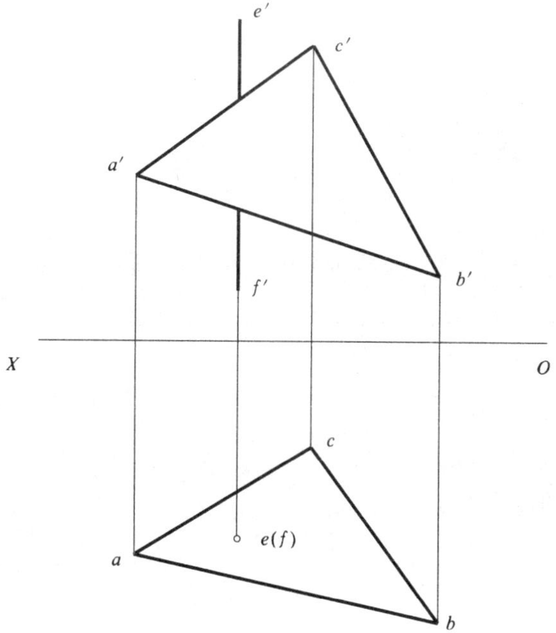

2. 求直线EF与平面ABC的交点，并判别其可见性。

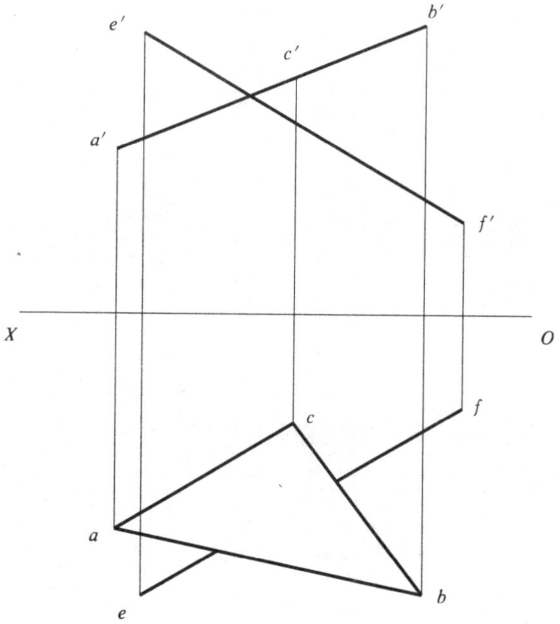

3-7 直线与平面、平面与平面相交(二)	班级		姓名		学号		页次	19

1.求直线EF与平面ABC的交点，并判别其可见性。

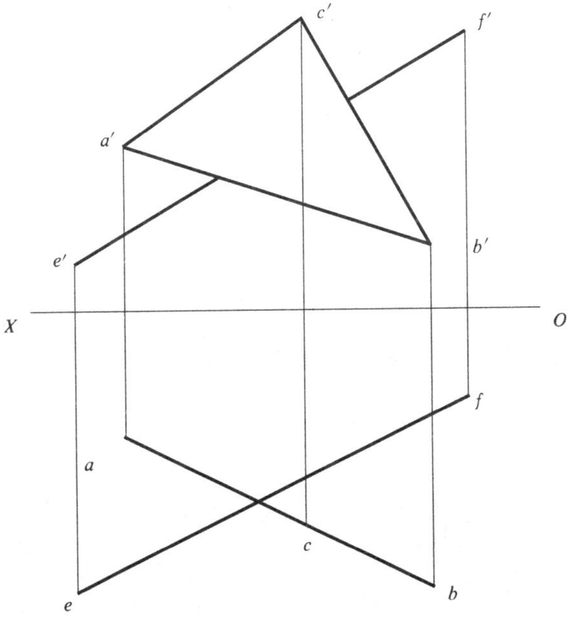

2.求平面P与平面ABC的交线，并判别其可见性。

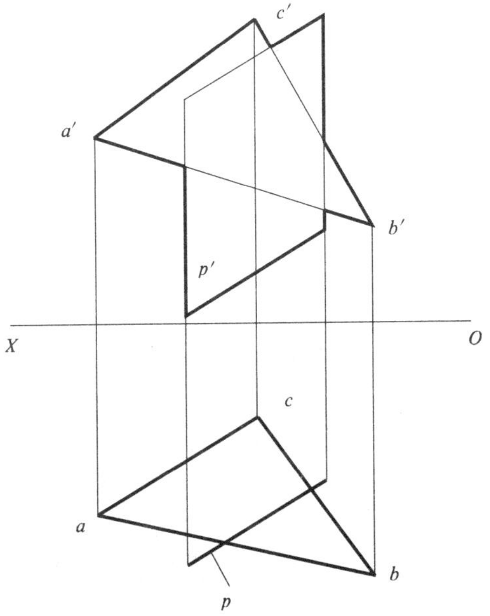

4-1　平面体(一)	班级		姓名		学号		页次	20

1. 已知六棱柱的主视图，且两底面的距离为25 mm，试完成其俯视图和左视图。

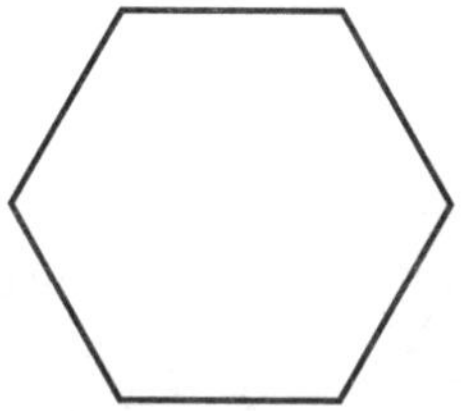

2. 已知四棱锥的俯视图，且高为25 mm，试完成其主视图和左视图。

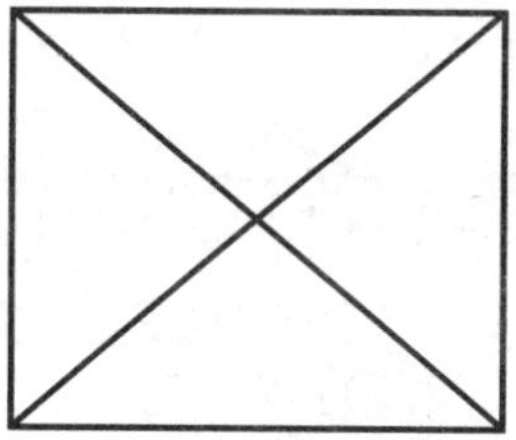

4-2 平面体(二)	班级		姓名		学号		页次	21

补画平面体的第三面投影图。

(1)

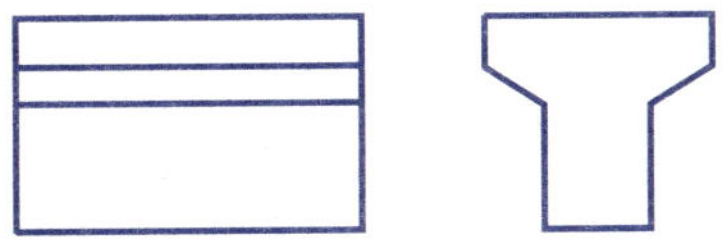

(2)

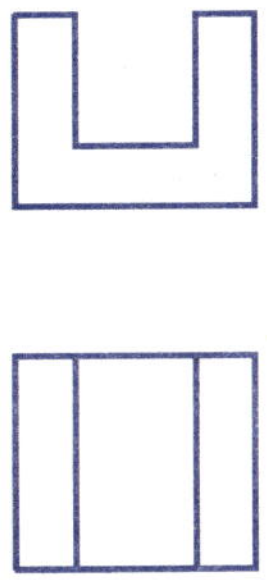

(3)

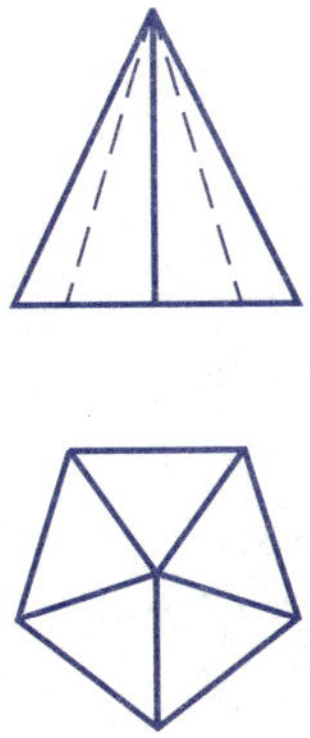

(4)

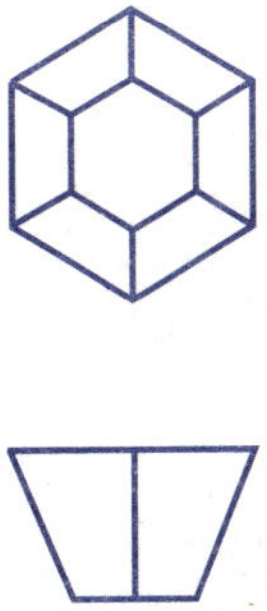

4-3　曲面体(一)	班级		姓名		学号		页次	22

1. 已知圆柱的主视图，且两底面的距离为30 mm，试完成其俯视图和左视图。

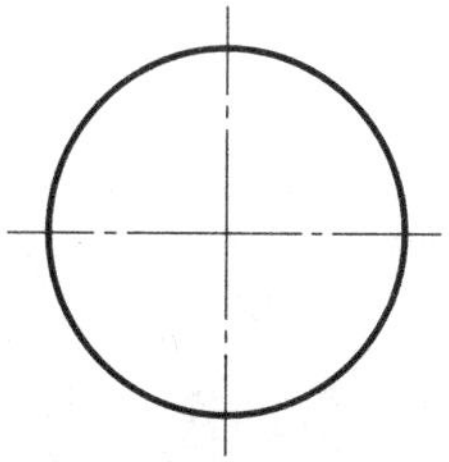

2. 已知圆锥的俯视图，且高为30 mm，试完成其主视图和左视图。

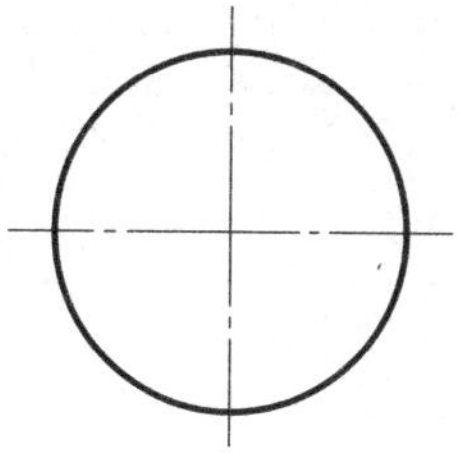

1.已知半圆台的俯视图,且两底面的距离为25 mm,试完成其主视图和左视图。

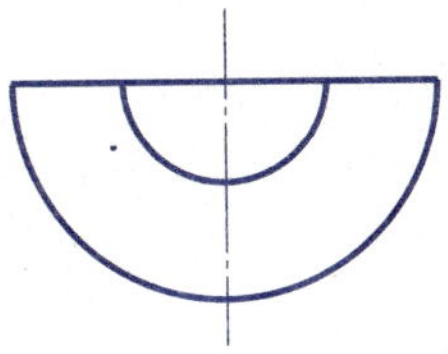

2.已知半球体与圆柱叠加形体的左视图,完成其主视图和俯视图。

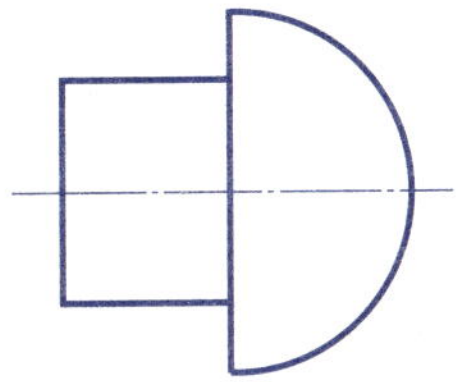

4-5　曲面体(三)	班级		姓名		学号		页次	24

补画曲面体的第三面投影图。

(1)

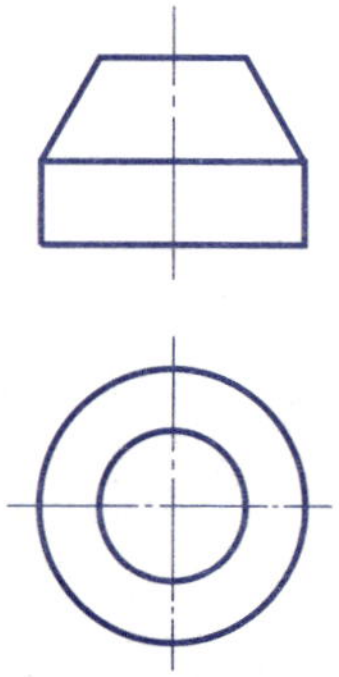

(2)

(3)

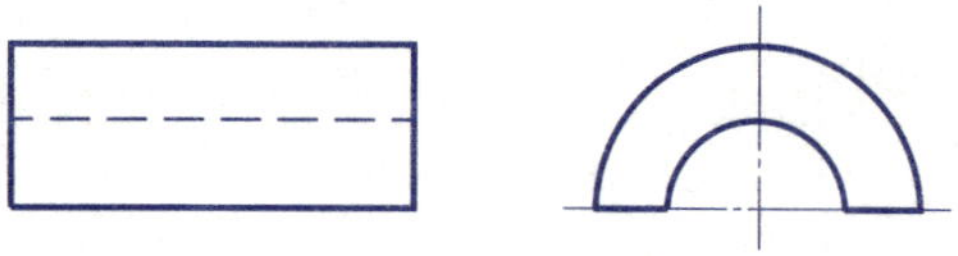

(4)

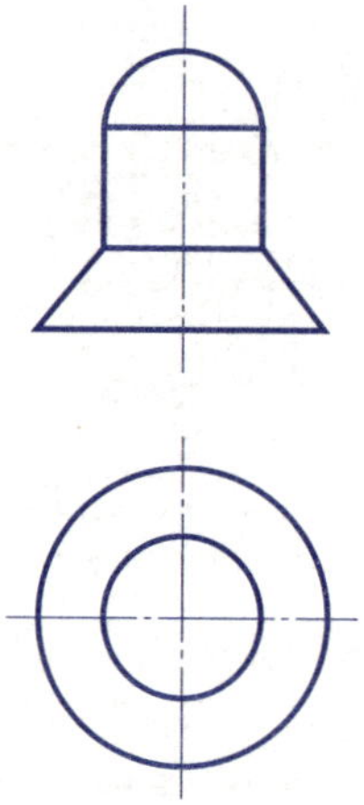

4-6 简单体(一)	班级		姓名		学号		页次	25

根据立体图找投影图。

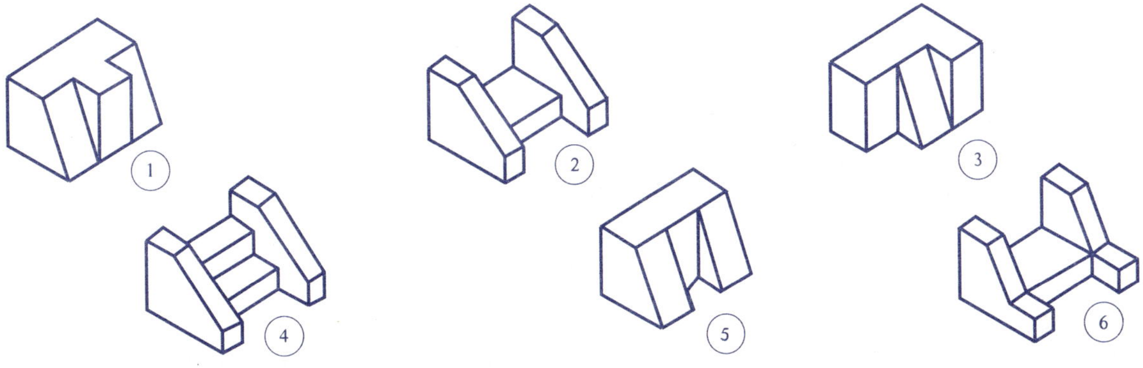

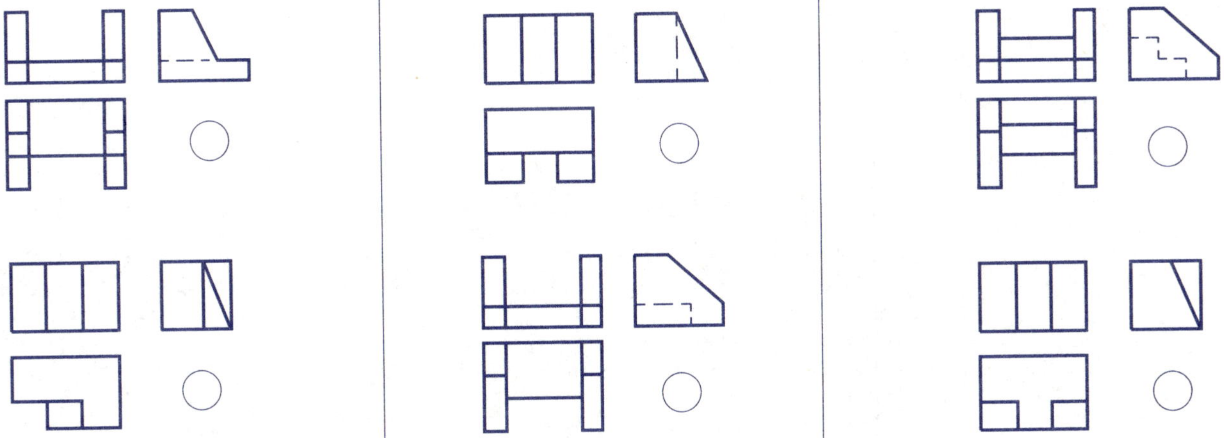

4-7　简单体(二)	班级		姓名		学号		页次	26

根据立体图，画三面投影图。

(1)

(2)

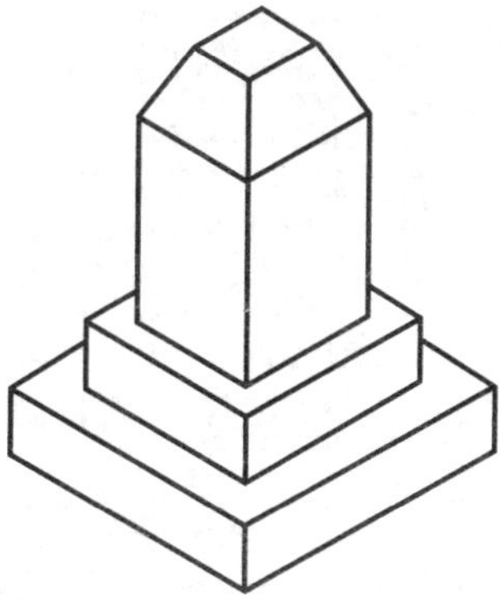

4-8 简单体(三)	班级		姓名		学号		页次	27

根据立体图，画三面投影图。

(1)

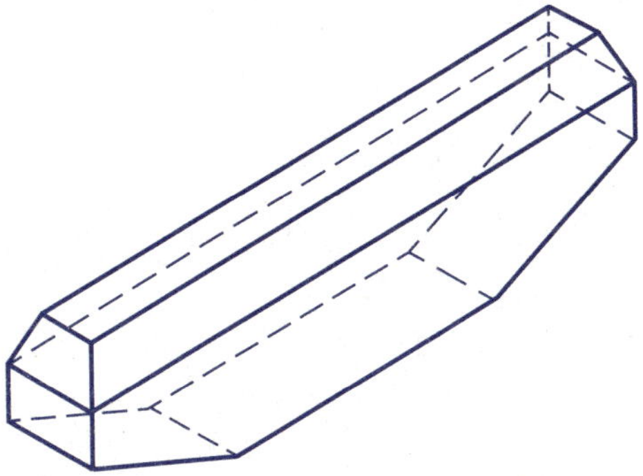

(2)

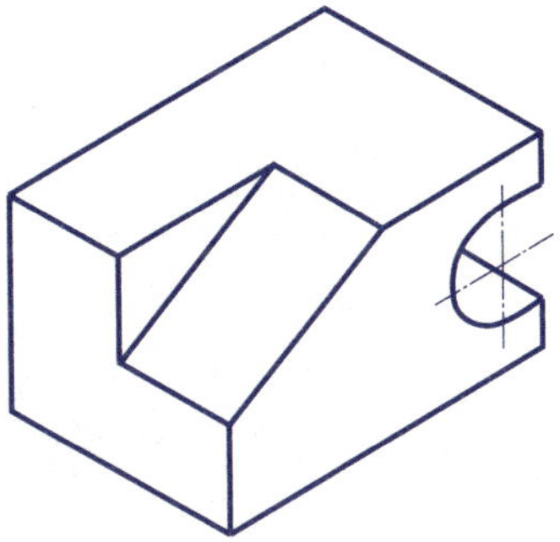

4-9　简单体(四)	班级		姓名		学号		页次	28

补画简单体的第三面投影图。

(1)

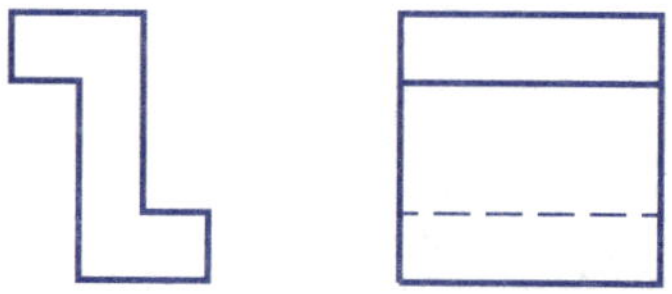

(2)

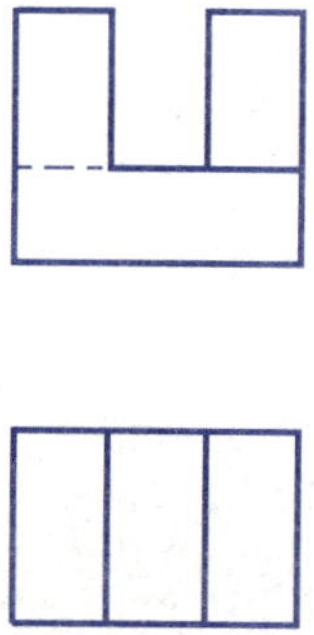

(3)

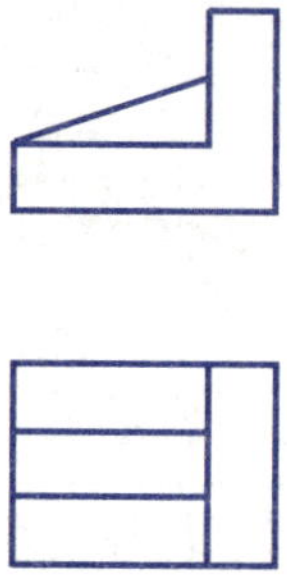

(4)

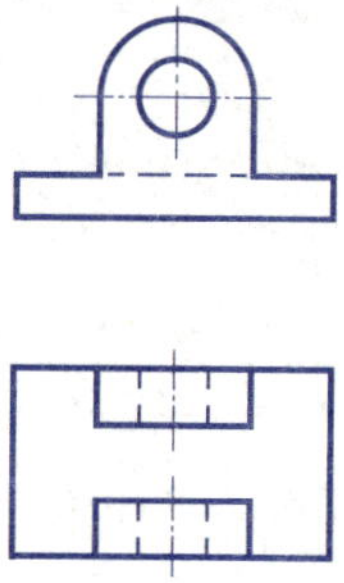

5-1　求立体表面上点、线的投影(一)	班级		姓名		学号		页次	29

1.求六棱柱表面点的其他两面投影，判断可见性。

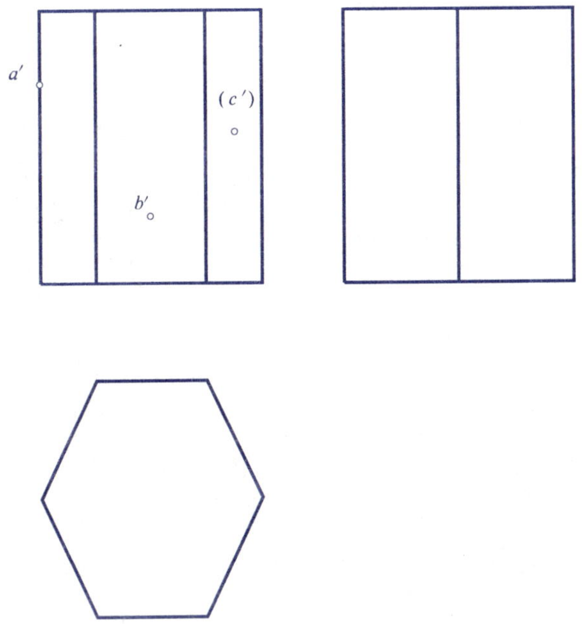

2.求四棱柱表面点的其他两面投影，判断可见性。

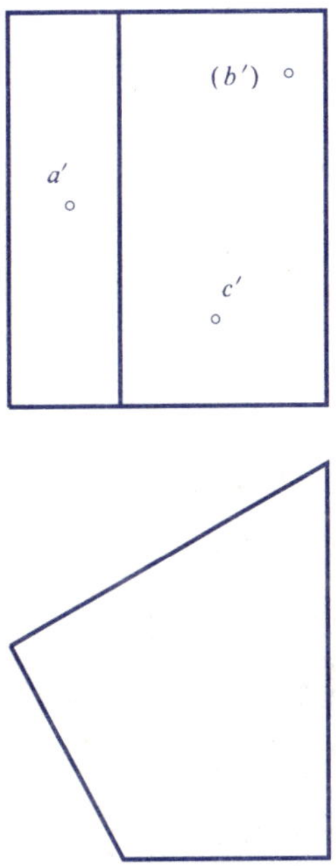

5-2 求立体表面上点、线的投影(二)	班级		姓名		学号		页次	30

1.求三棱锥表面点的其他两面投影,判断可见性。

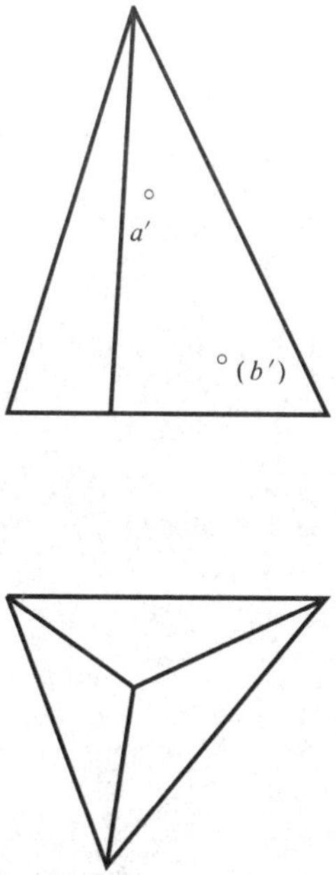

2.求圆柱表面点的其他两面投影,判断可见性。

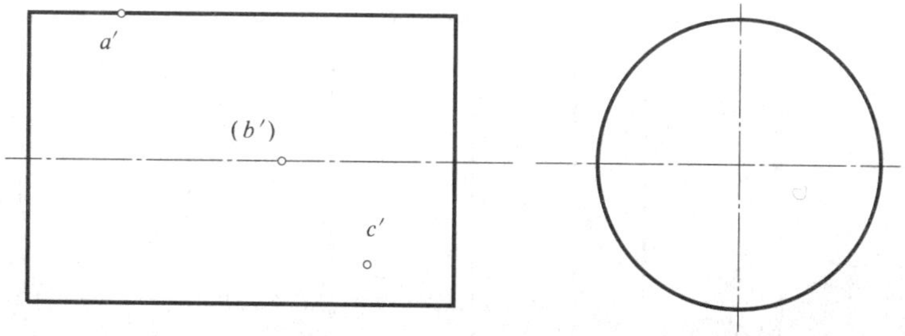

5-3 求立体表面上点、线的投影(三)	班级		姓名		学号		页次	31

1.求圆锥表面点的其他两面投影,判断可见性。

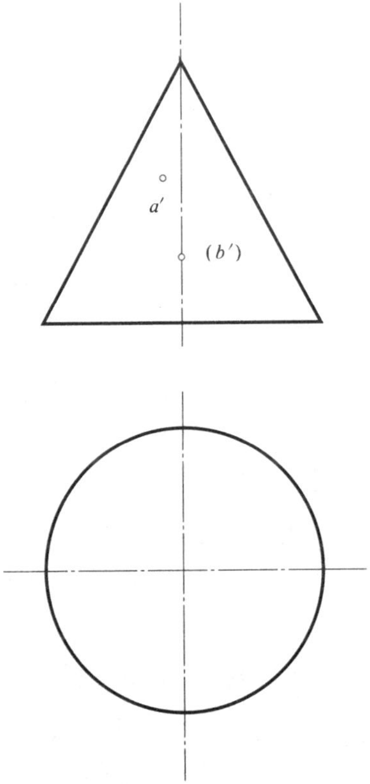

2.求圆球表面点的其他两面投影,判断可见性。

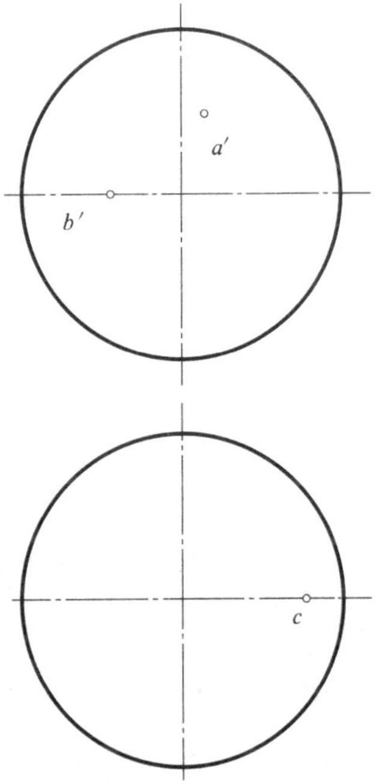

5-4　求平面体截交线的投影(一)	班级		姓名		学号		页次	32

1.求五棱柱被截切后的其他两面投影。

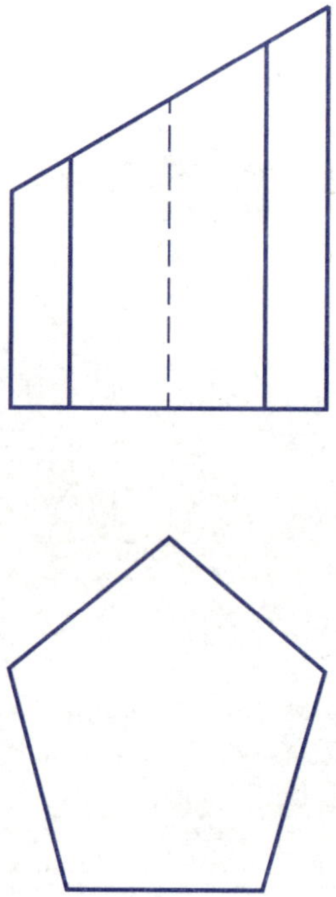

2.求四棱柱被截切后的其他两面投影。

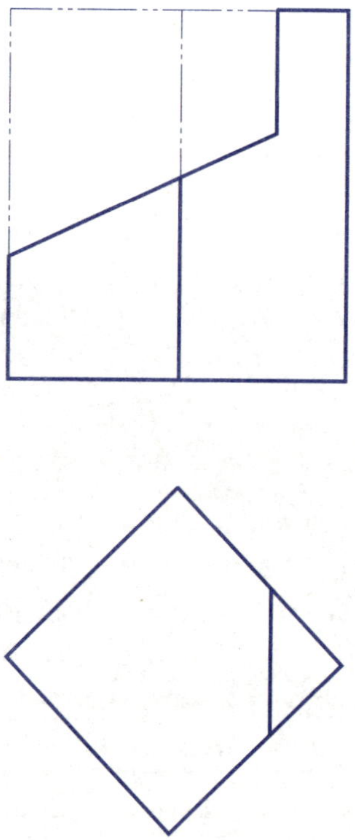

5-5 求平面体截交线的投影(二)	班级		姓名		学号		页次	33

1.求三棱锥被截切后的其他两面投影。

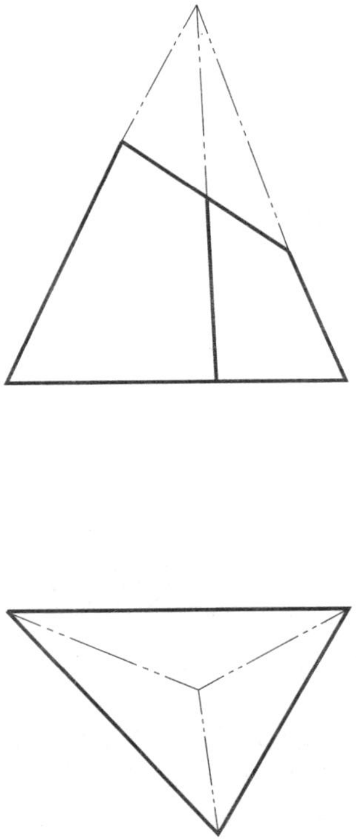

2.求棱锥被截切后的其他两面投影。

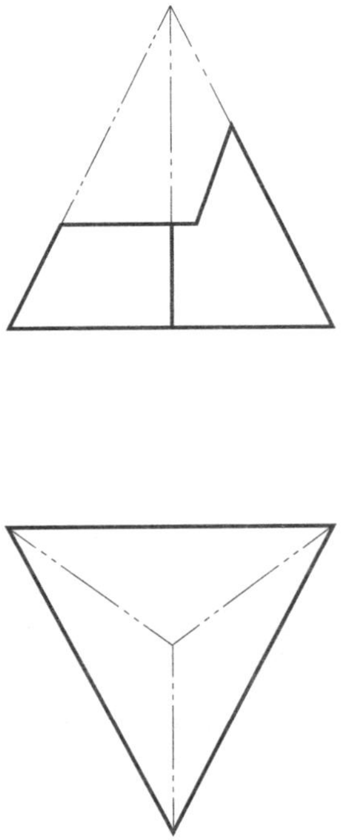

5-6　求曲面体截交线的投影(三)	班级		姓名		学号		页次	34

1.求圆柱截交线的其他两面投影。

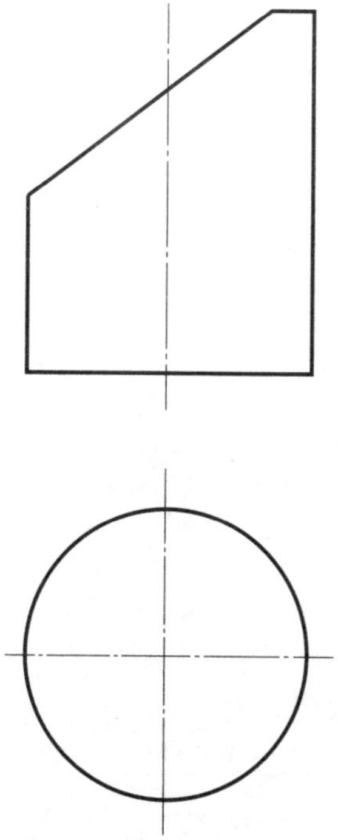

2.求圆锥截交线的其他两面投影。

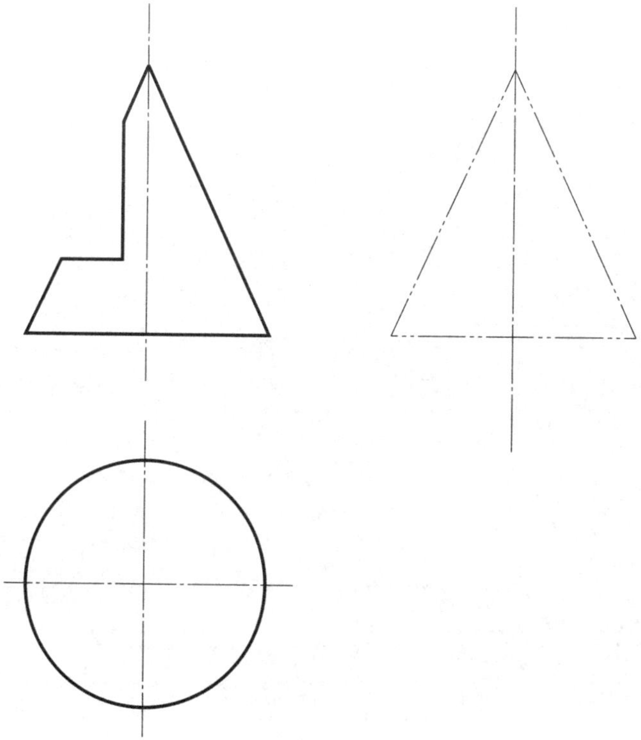

5-7　求曲面体截交线的投影(四)	班级		姓名		学号		页次	35

1.求圆台截交线的其他两面投影。

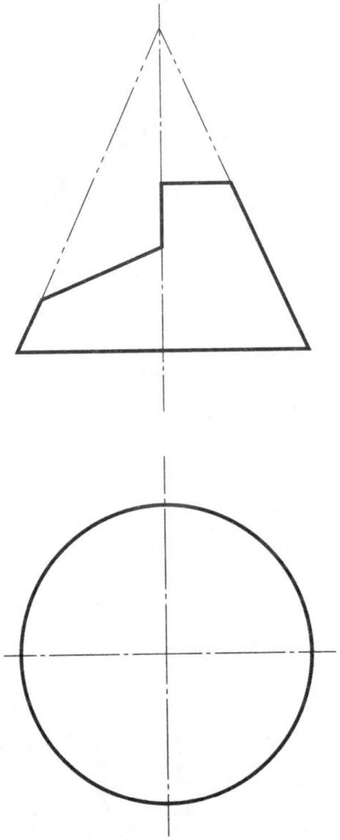

2.求圆球截交线的其他两面投影。

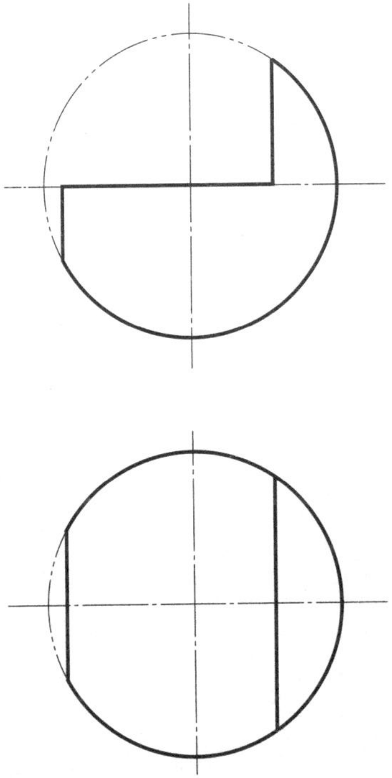

5-8 求两平面体相贯线的投影(一)	班级		姓名		学号		页次	36

1.补画第三面投影，并求相贯线。

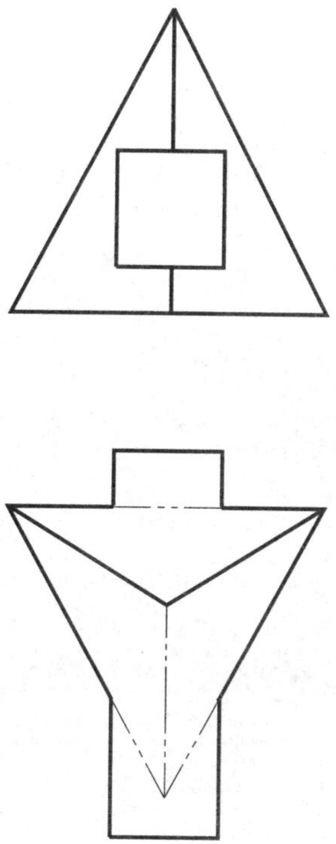

2.求如图所示图形的相贯线。

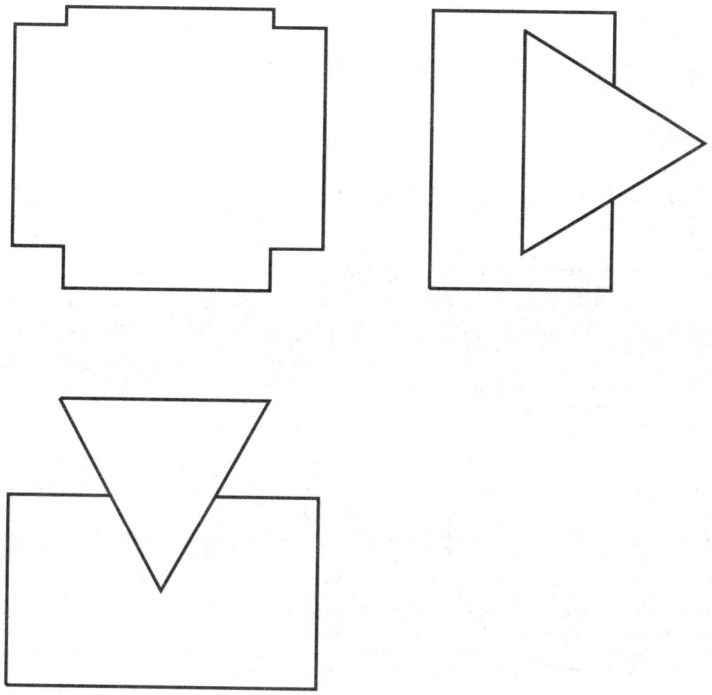

5-9 求两平面体相贯线的投影(二)	班级		姓名		学号		页次	37

1.补画第三面投影，并求相贯线。

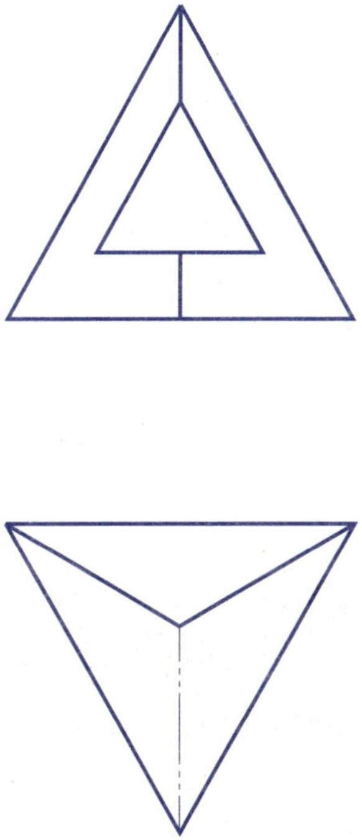

2.补画第三面投影，并求相贯线。

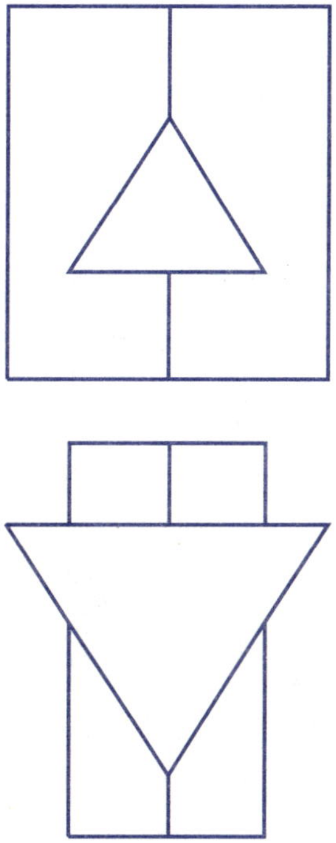

5–10　求平面体与曲面体相贯线的投影	班级		姓名		学号		页次	38

1.求圆柱与四棱柱的相贯线。

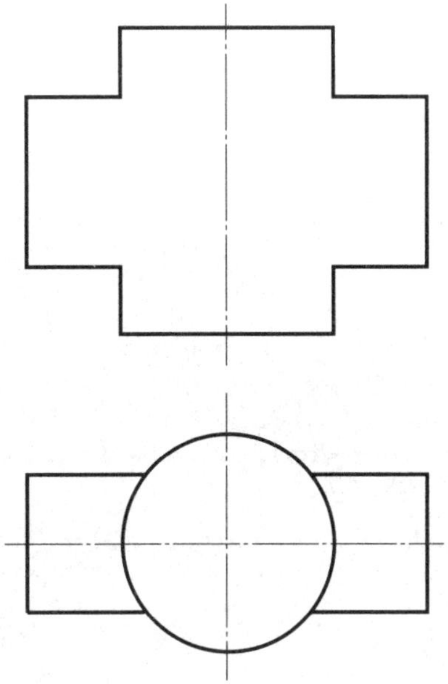

2.求圆锥与三棱柱的相贯线。

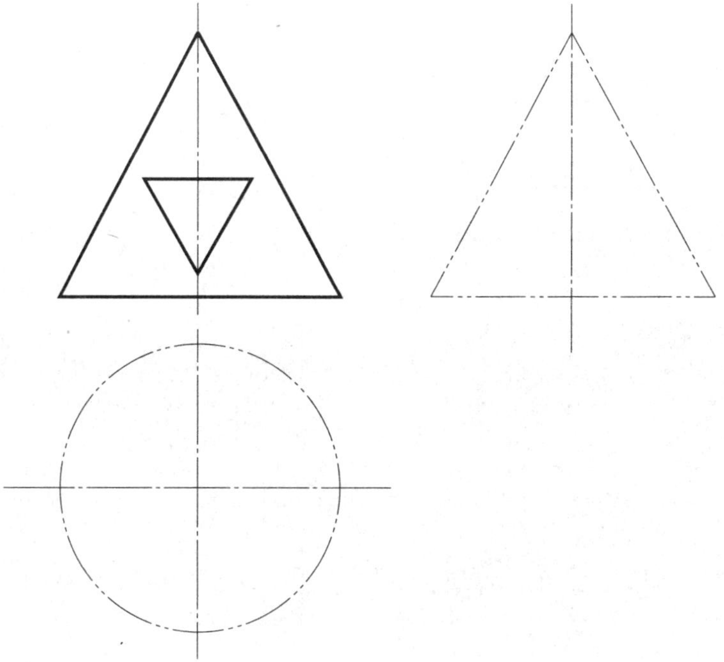

5-11 求两曲面体相贯线的投影(一)	班级		姓名		学号		页次	39

1.求两圆柱的相贯线。

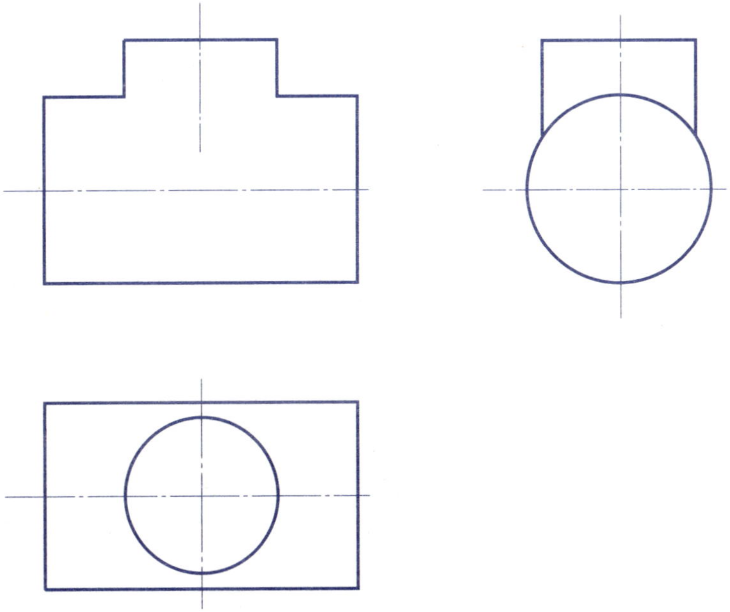

2.求两空心圆柱的相贯线。

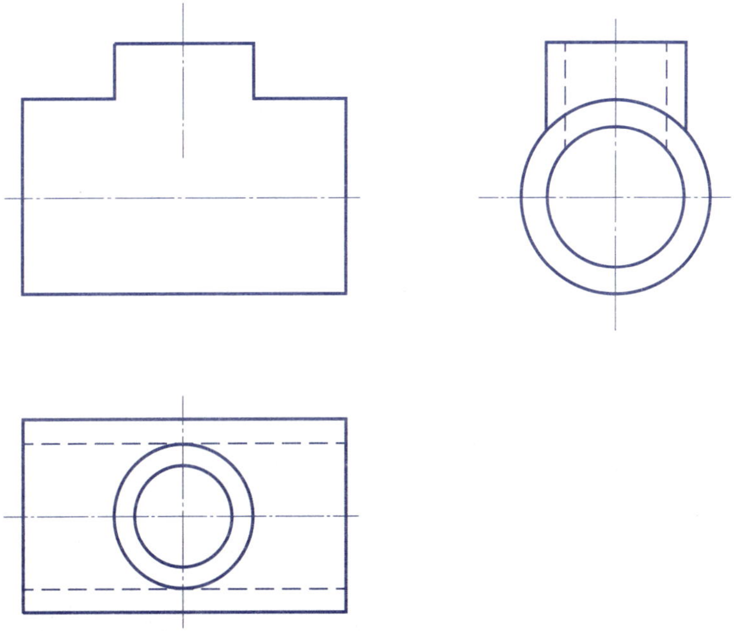

5-12　求两曲面体相贯线的投影(二)	班级		姓名		学号		页次	40

1.求圆柱与圆锥的相贯线。

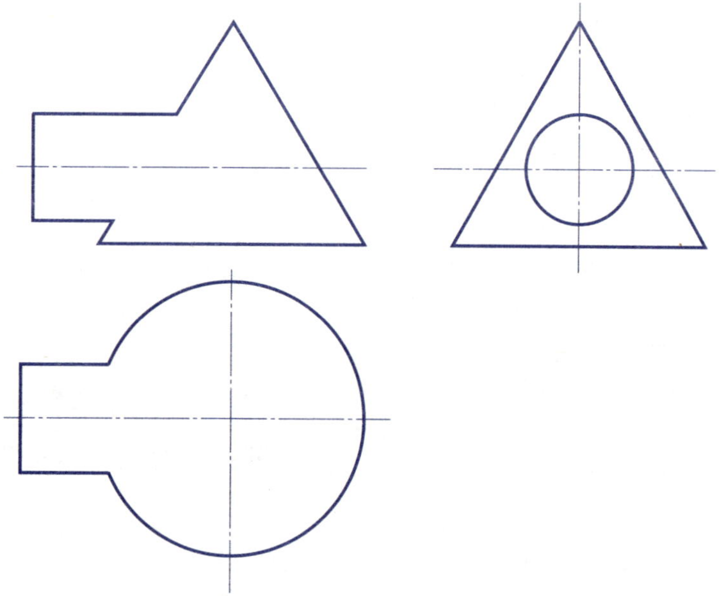

2.求圆柱与圆球的相贯线。

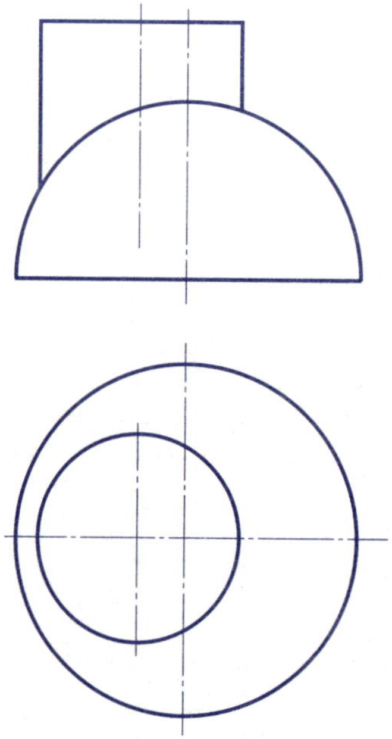

6-1 正等测投影图(一)	班级		姓名		学号		页次	41

根据已知三视图，画出物体的正等测图。

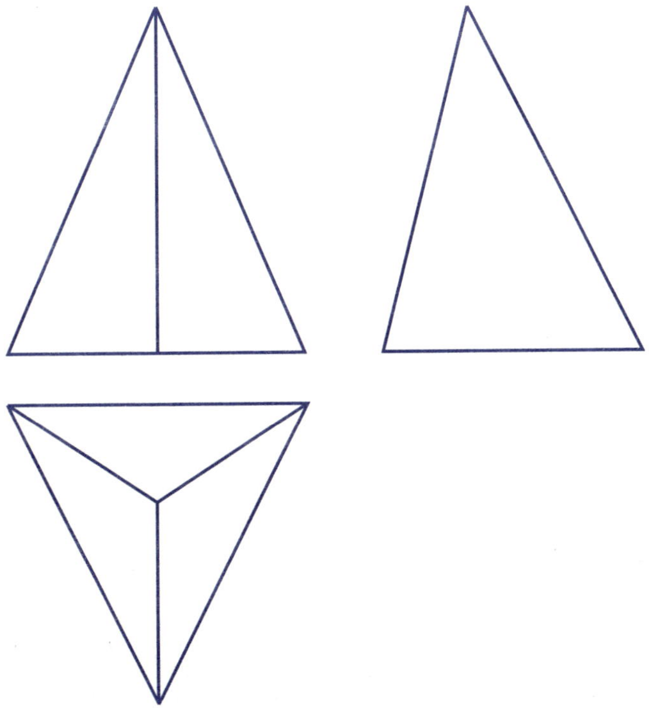

6-2 正等测投影图(二)	班级		姓名		学号		页次	42

根据两面视图，补画第三视图，并画出物体的正等测图。

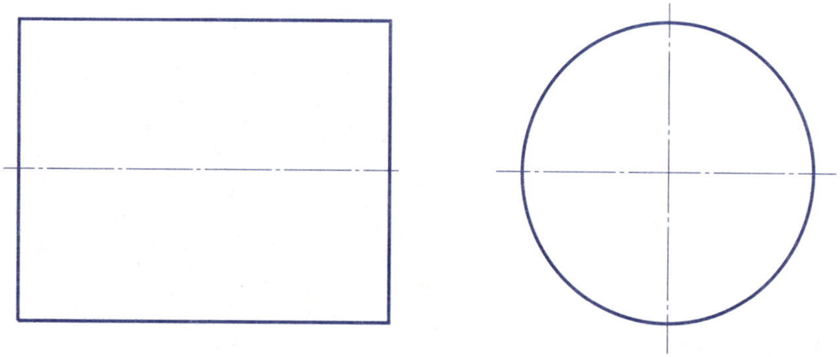

6-3 正等测投影图(三)	班级		姓名		学号		页次	43

根据已知三视图,画出物体的正等测图。

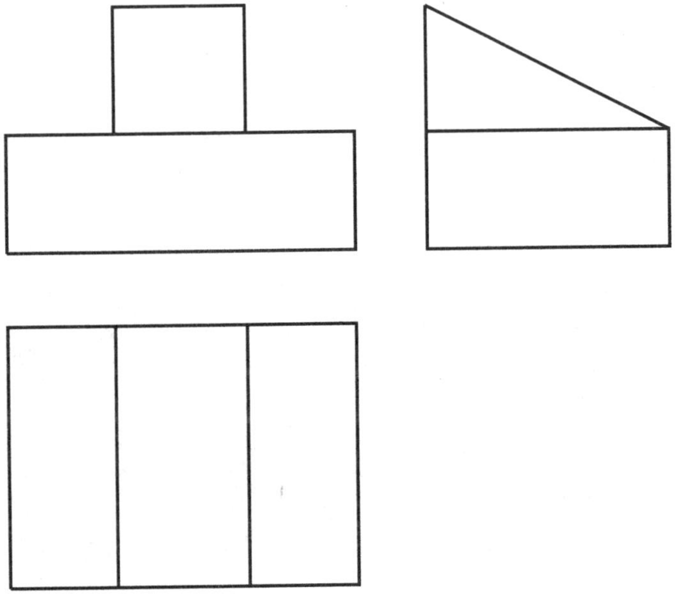

6-4　正等测投影图(四)	班级		姓名		学号		页次	44

根据已知两面视图，补画第三视图，并画出物体的正等测图。

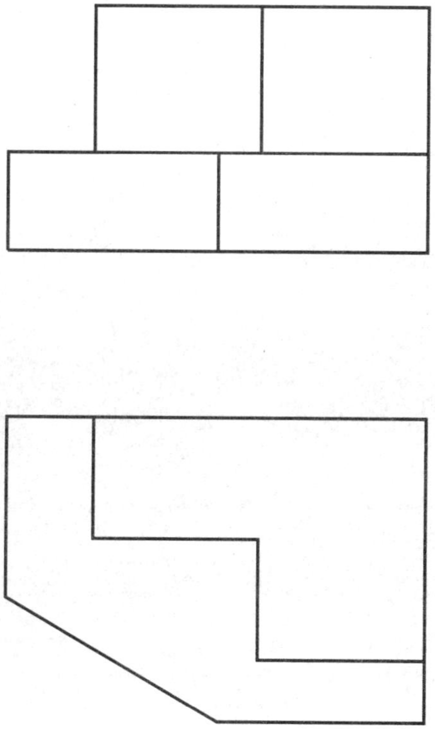

6-5 斜二测投影图(一)	班级		姓名		学号		页次	45

根据已知两面视图，补画第三视图，并画出物体的斜二测图。

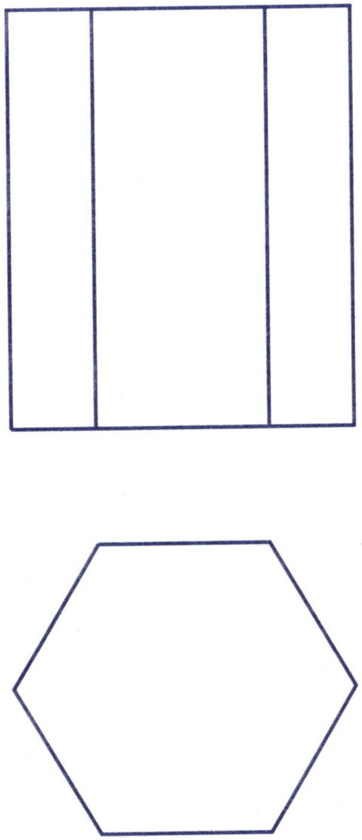

6-6　斜二测投影图(二)	班级		姓名		学号		页次	46

根据已知两面视图，补画第三视图，并画出物体的斜二测图。

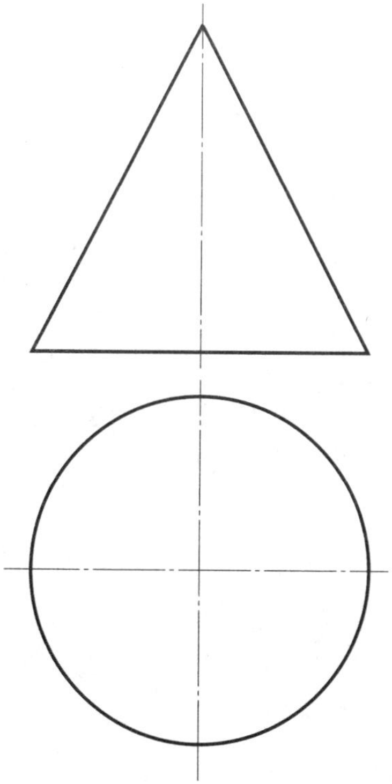

6-7 斜二测投影图(三)	班级		姓名		学号		页次	47

根据已知两面视图，补画第三视图，并画出物体的斜二测图。

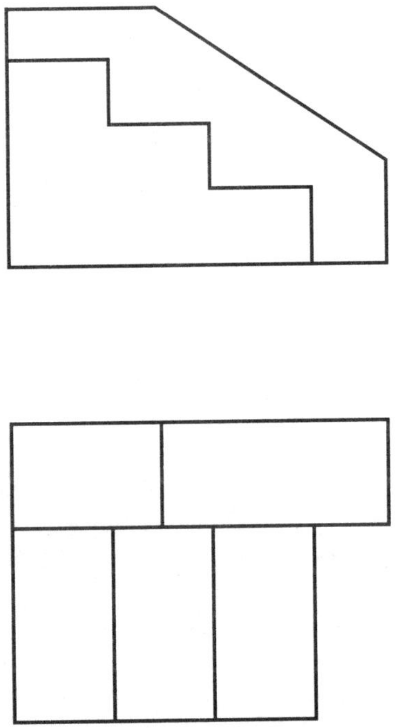

6-8　斜二测投影图(四)	班级		姓名		学号		页次	48

根据已知两面视图，补画第三视图，并画出物体的斜二测图。

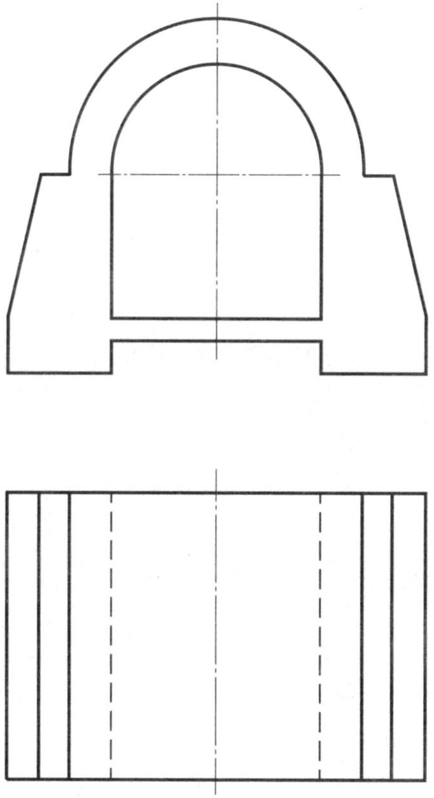

7-1　组合体的三面投影图(一)	班级		姓名		学号		页次	49

完成下列组合体的三面投影图(比例1:1)。

(1)

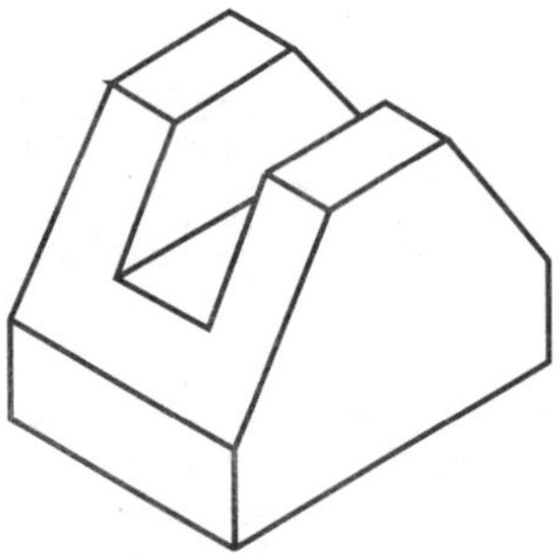

(2)

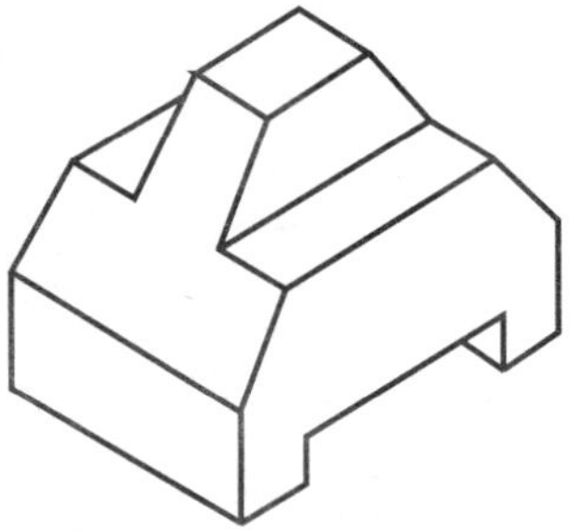

完成下列组合体的三面投影图(比例1:1)。

(1)

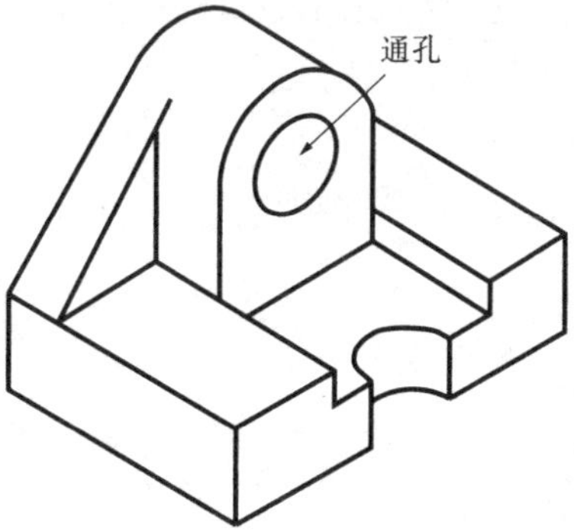

(2)

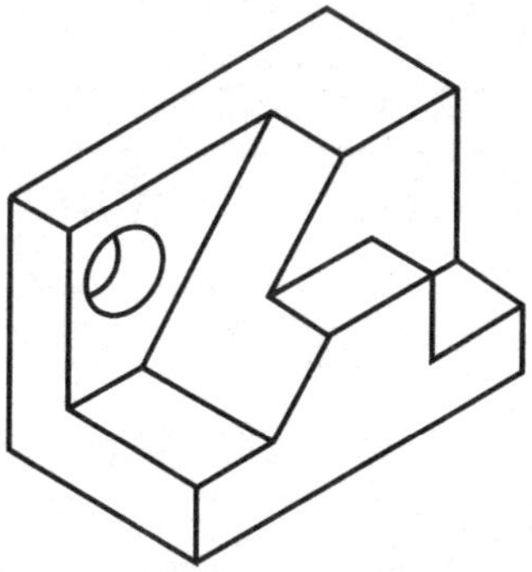

7-3 补画三视图中所缺的线段(一)	班级		姓名		学号		页次	51

(1)

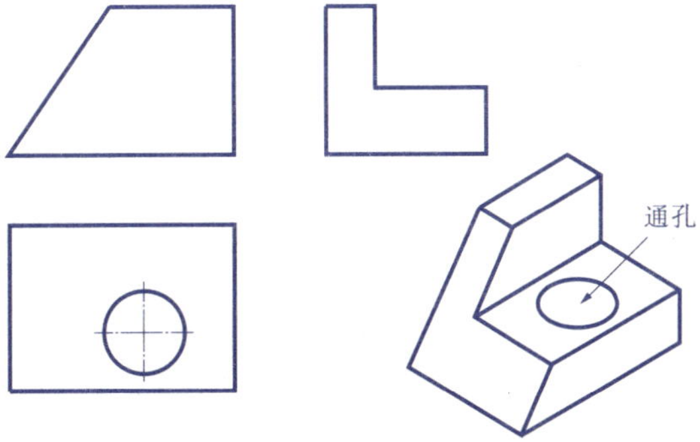

(2)

(3)

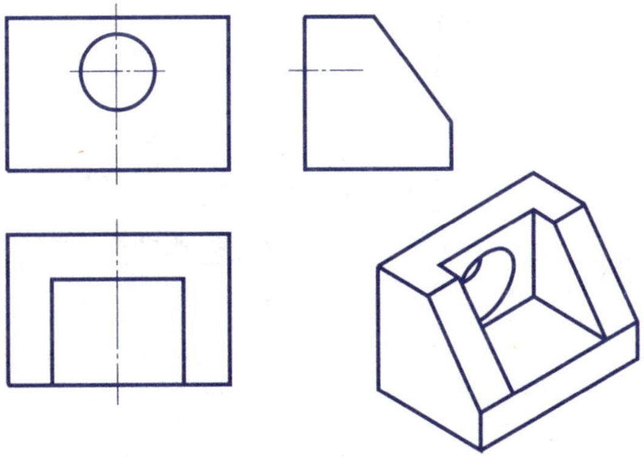

(4)

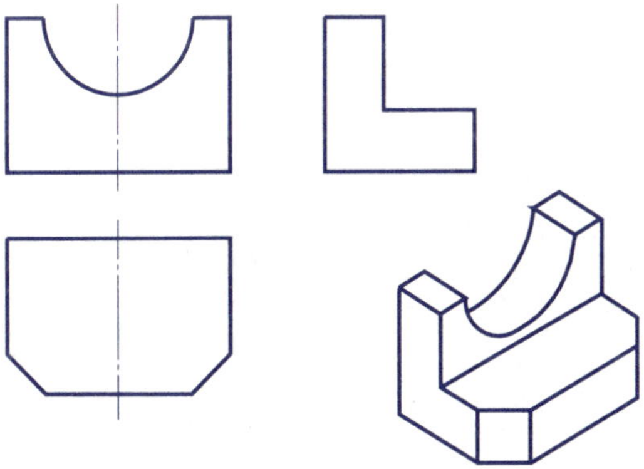

7-4　补画三视图中所缺的线段(二)	班级		姓名		学号		页次	52

(1)

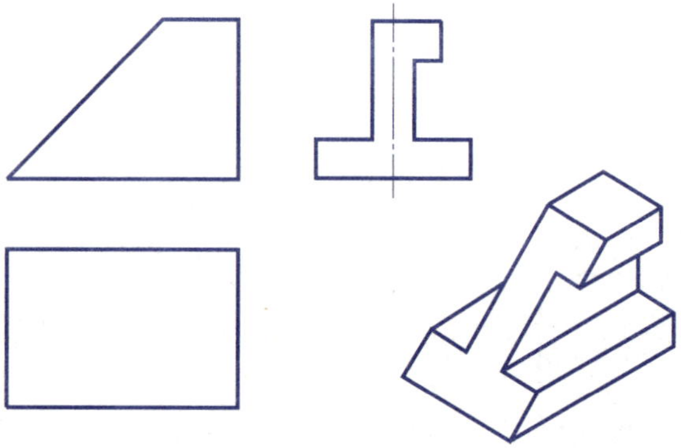

(2)

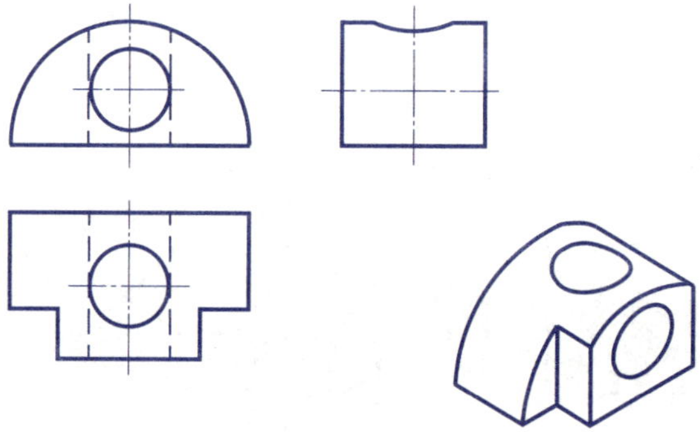

(3)

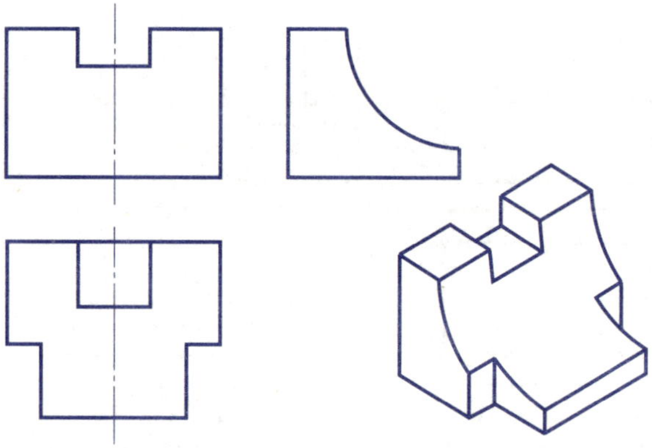

(4)

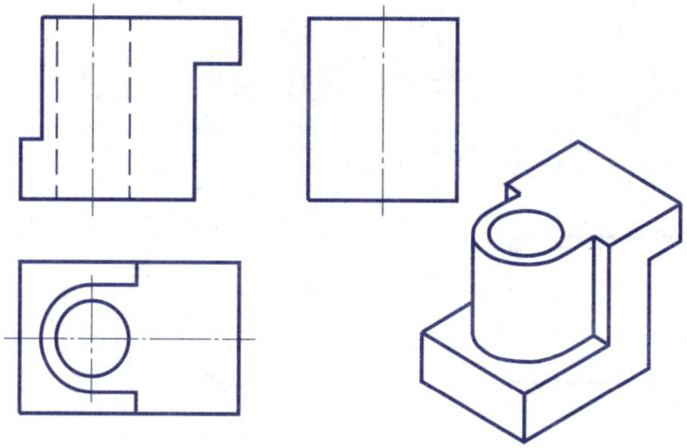

7-5 标注组合体尺寸(按1:1比例量取)	班级		姓名		学号		页次	53

(1)

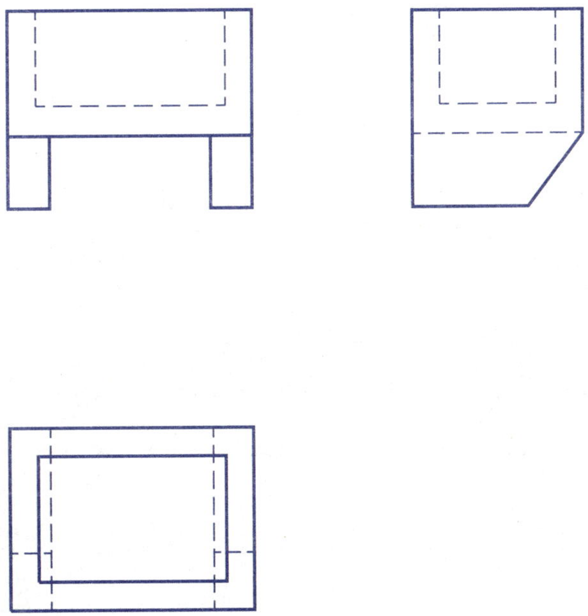

(2)

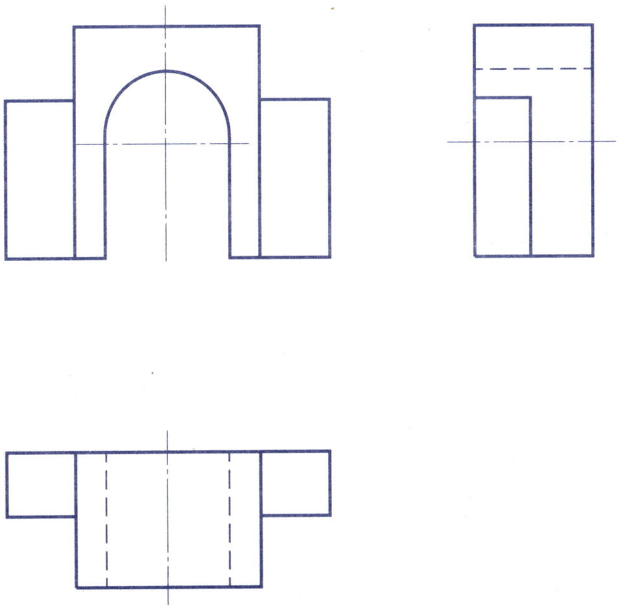

7-6　已知形体的两面视图,补画第三视图(一)	班级		姓名		学号		页次	54

(1)

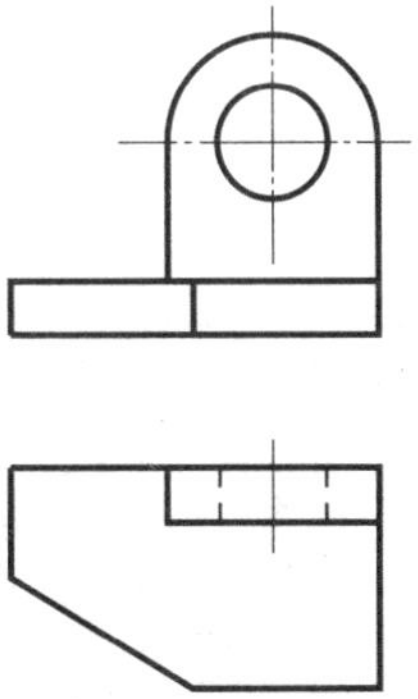

(2)

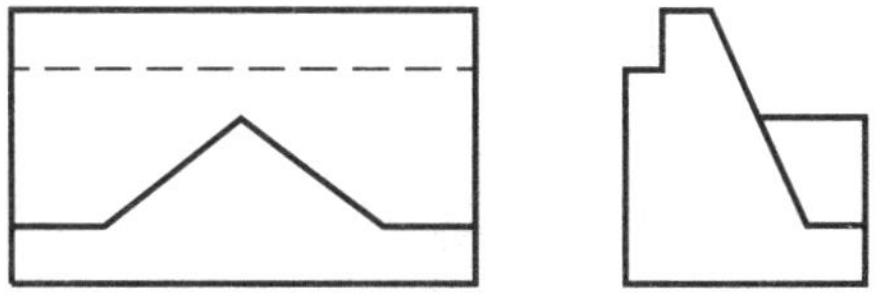

(3)

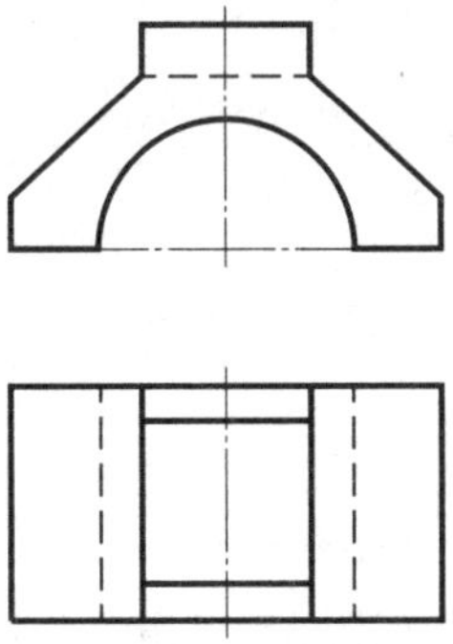

(4)

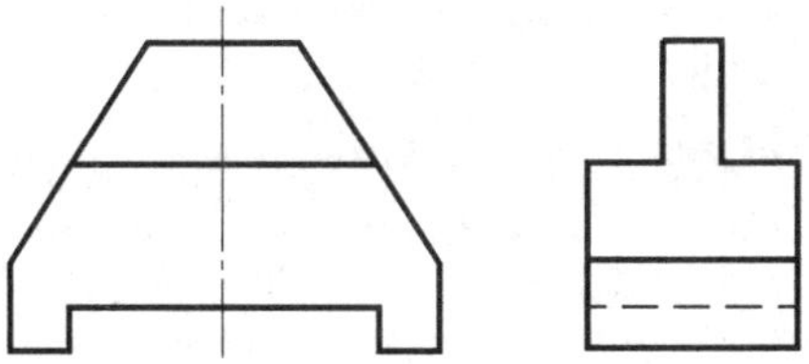

7-7 已知形体的两面视图，补画第三视图(二)	班级		姓名		学号		页次	55

(1)

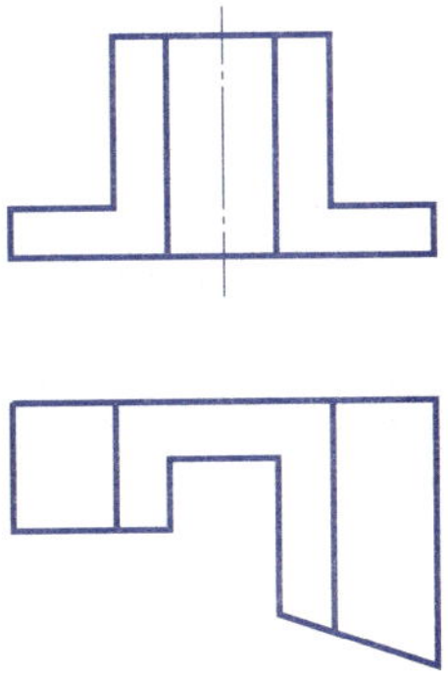

(2)

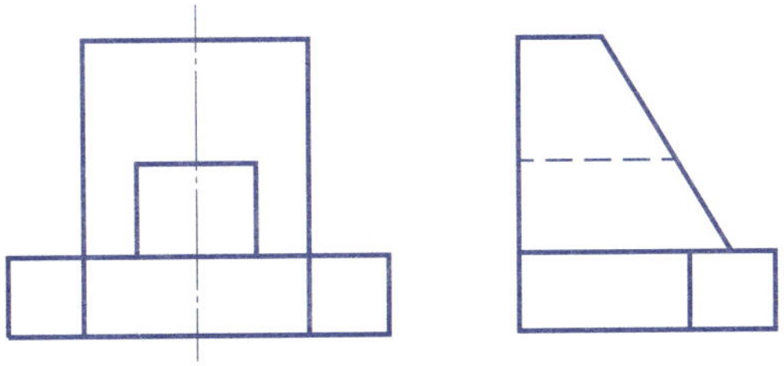

(3)

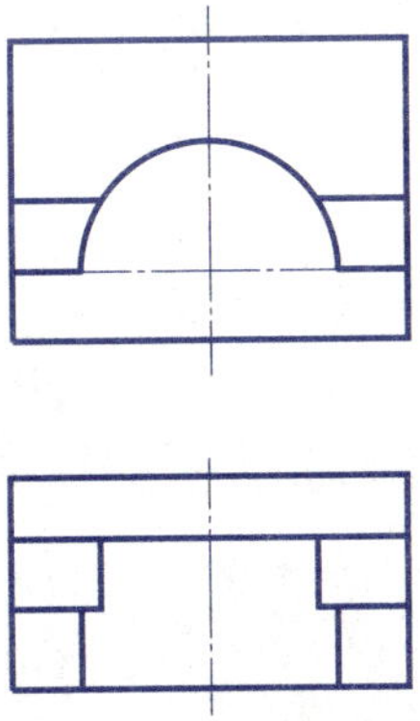

(4)

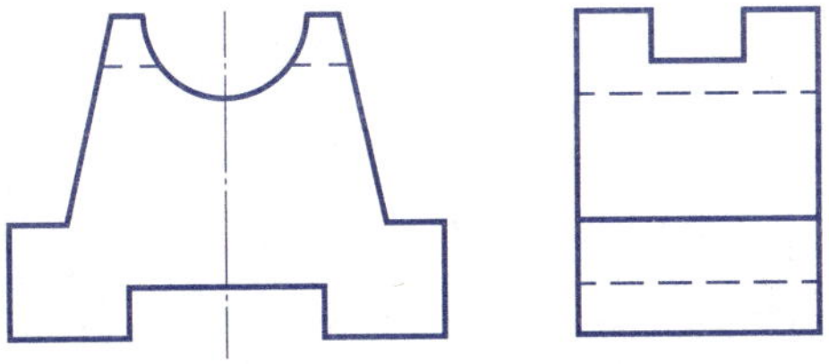

8-1 剖面图(一)	班级		姓名		学号		页次	56

1. 由涵洞出口的两面投影，在指定位置上作出其A—A、B—B剖面图(材料为钢筋混凝土)。

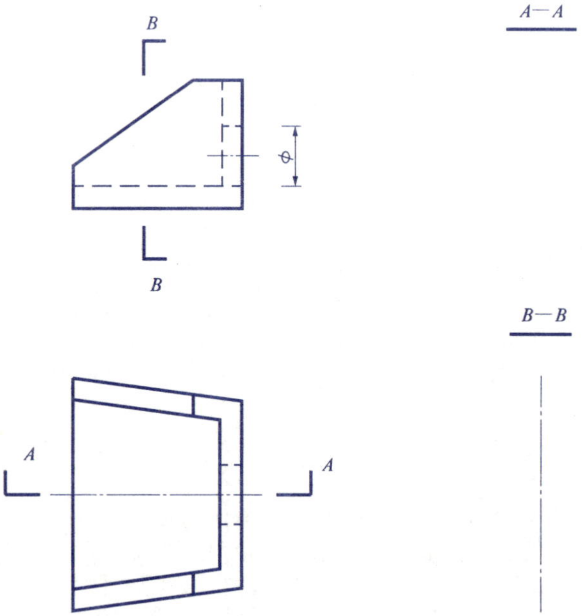

2. 根据视图想象立体，并画出A—A剖面图(材料为钢筋混凝土)。

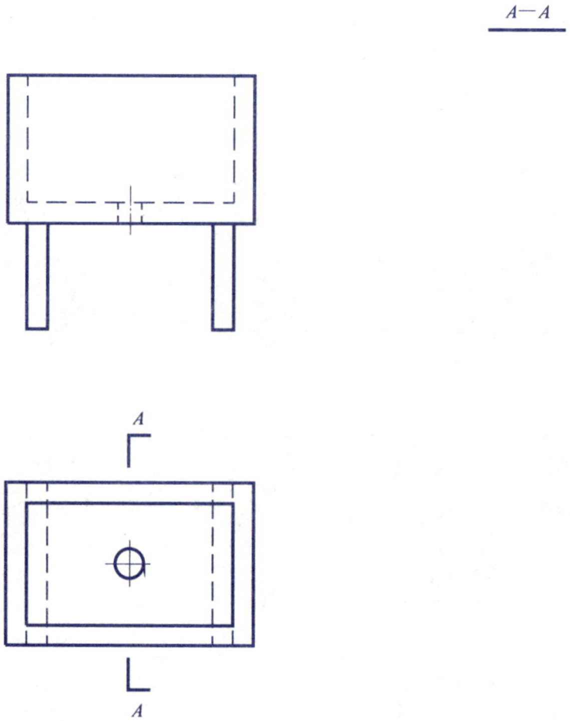

8-2 剖面图(二)	班级		姓名		学号		页次	57

1.根据视图想象立体，并画出A—A剖面图(材料为混凝土)。

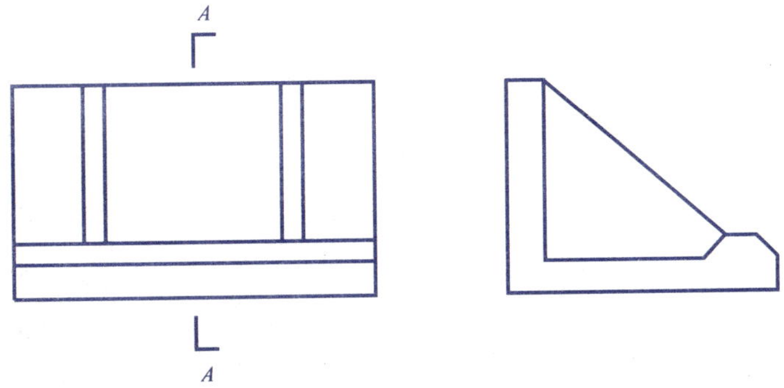

A—A

2.如图为空心桥墩，试画出其A—A半剖面图(材料为钢筋混凝土)。

A—A

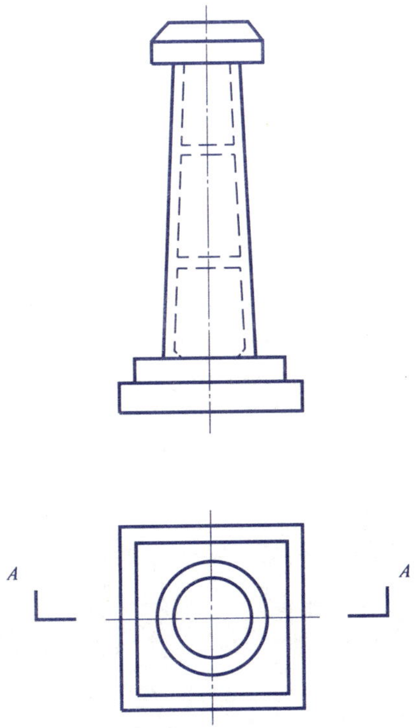

8-3 剖面图(三)	班级		姓名		学号		页次	58

1.根据视图想象立体，并画出A—A阶梯剖面图和B—B剖面图(材料为混凝土)。

A—A

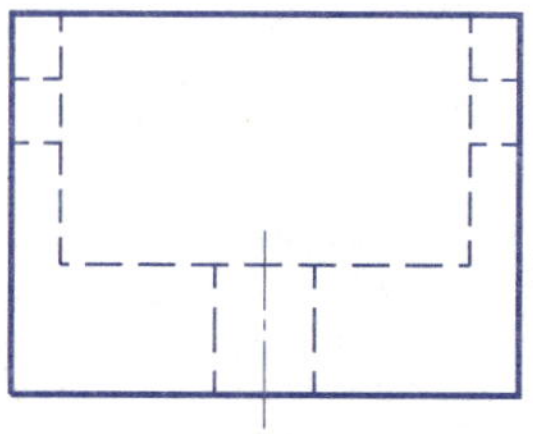

B—B

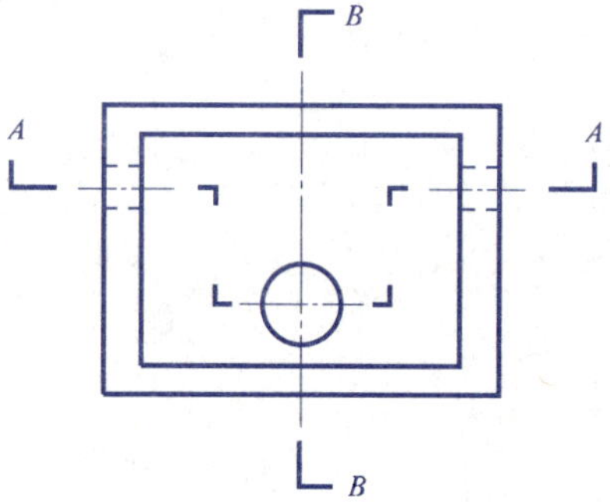

2.根据弯梁的平面图和A—A阶梯剖面图，绘制出弯梁的B—B剖面图(材料为钢筋混凝土)。

B—B

A—A

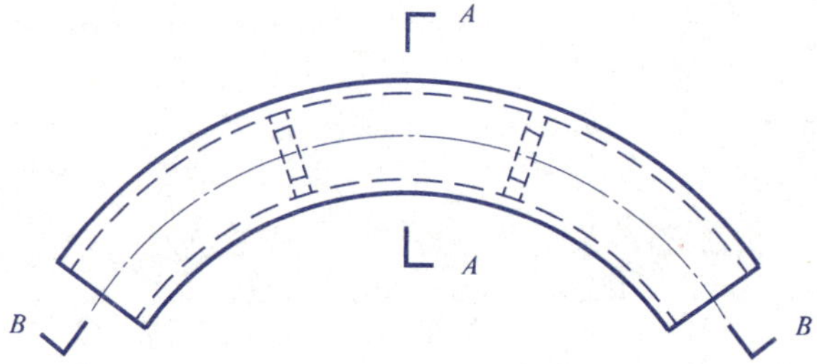

8-4　断面图(一)	班级		姓名		学号		页次	59

1.根据视图想象立体，并画出1—1、2—2断面图(材料为钢筋混凝土)。

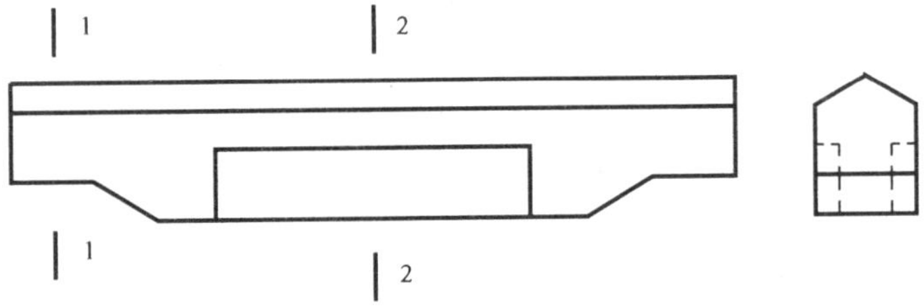

1—1

2—2

2.根据视图想象立体，并画出1—1、2—2断面图(材料为钢筋混凝土)。

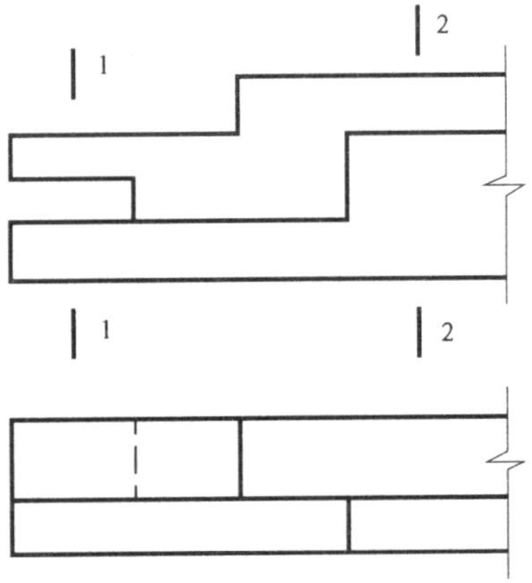

1—1

2—2

8-5 断面图(二)	班级		姓名		学号		页次	60

1.根据视图想象立体，并画出1—1断面图和2—2剖面图(材料为钢筋混凝土)。

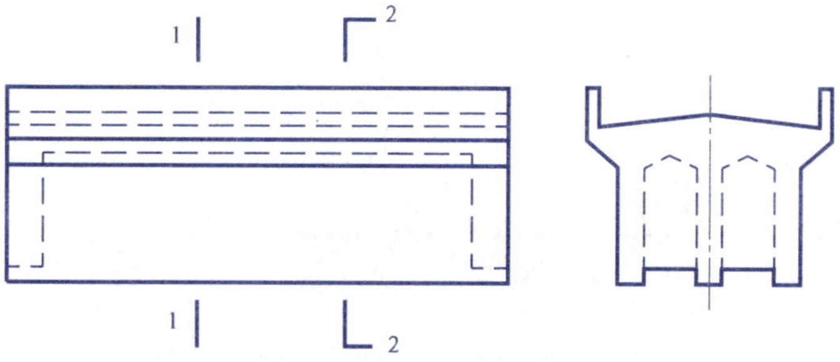

1—1

2—2

2.根据视图想象立体，并画出1—1、2—2断面图(材料为钢筋混凝土)。

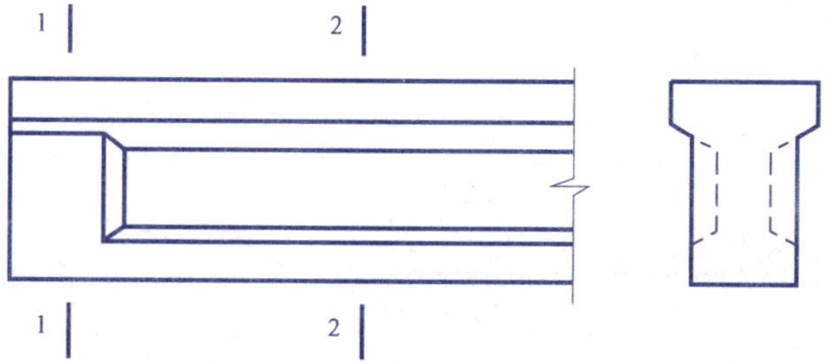

1—1

2—2

9-1　标高投影(一)	班级		姓名		学号		页次	61

1.求作图示平面上高程为0 m的等高线。

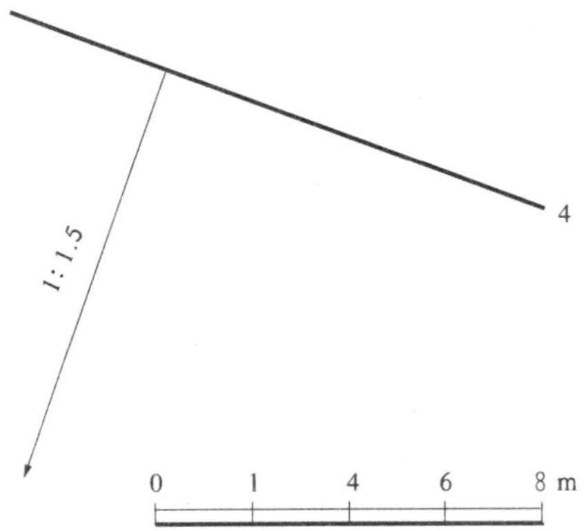

2.在地面上挖一基坑,坑底标高为-4 m,地面标高为0,完成此标高投影。

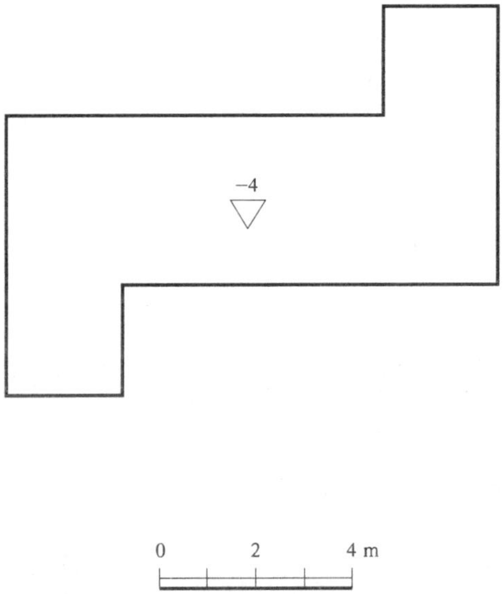

9-2　标高投影(二)	班级		姓名		学号		页次	62

1.某地欲修建一堤坝，主坝高程为4 m，支堤高程为3 m，完成此标高投影。

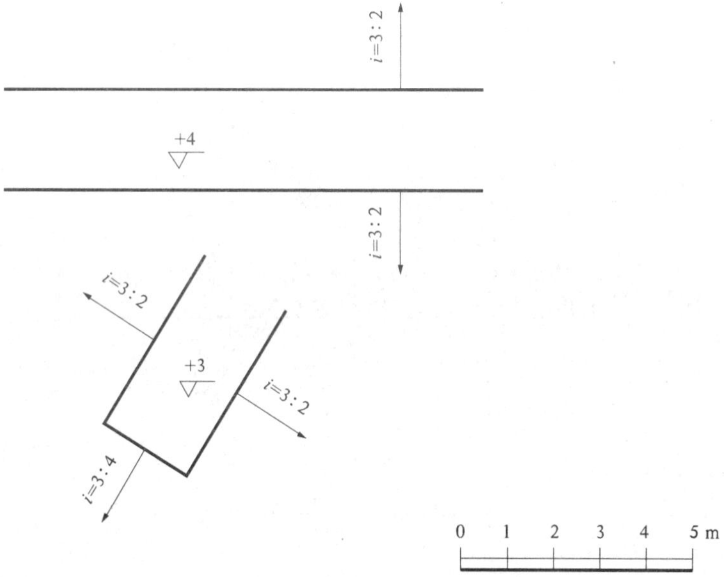

2.在土坝与河岸连接处，用锥面加大坝头，如图所示，河底标高为118 m，求坡脚线及各坡面间的交线。

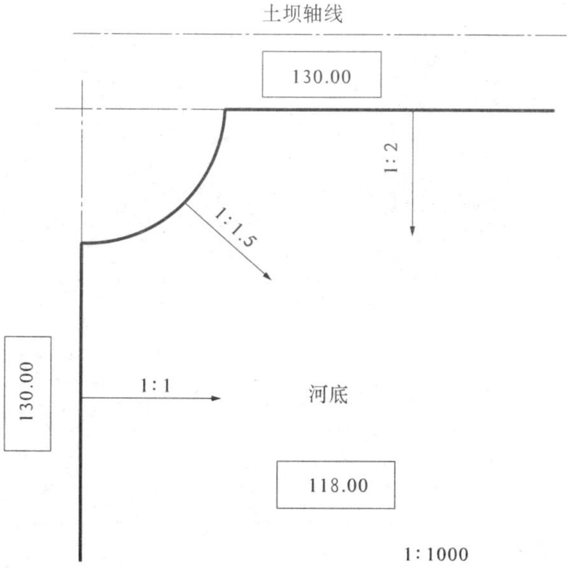

9-3　标高投影(三)	班级		姓名		学号		页次	63

求等高线和坡度及倾向给定的坡面与地形面的交线。

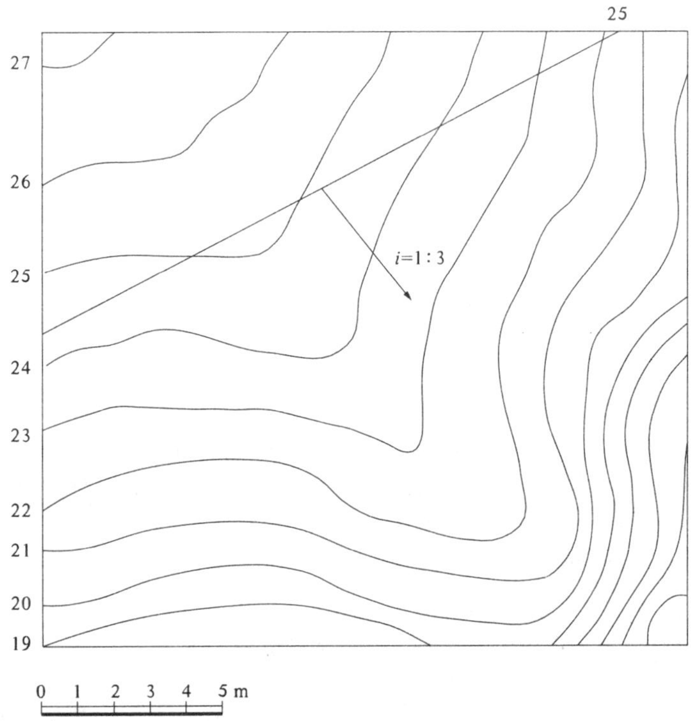

9-4 标高投影(四)	班级		姓名		学号		页次	64

1.求直线AB的实长及倾角。

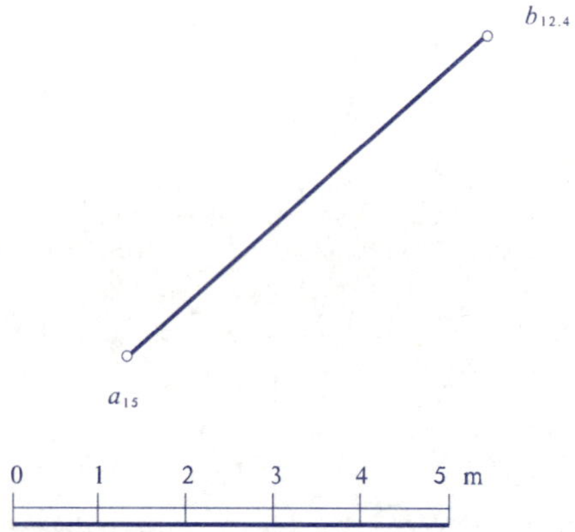

2.作出平面的坡度比例尺并求平面与H面的倾角。

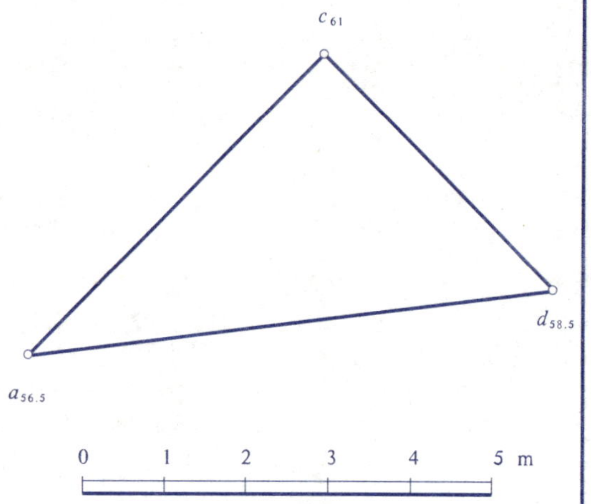

9-5　标高投影(五)	班级		姓名		学号		页次	65

求两平面的交线。

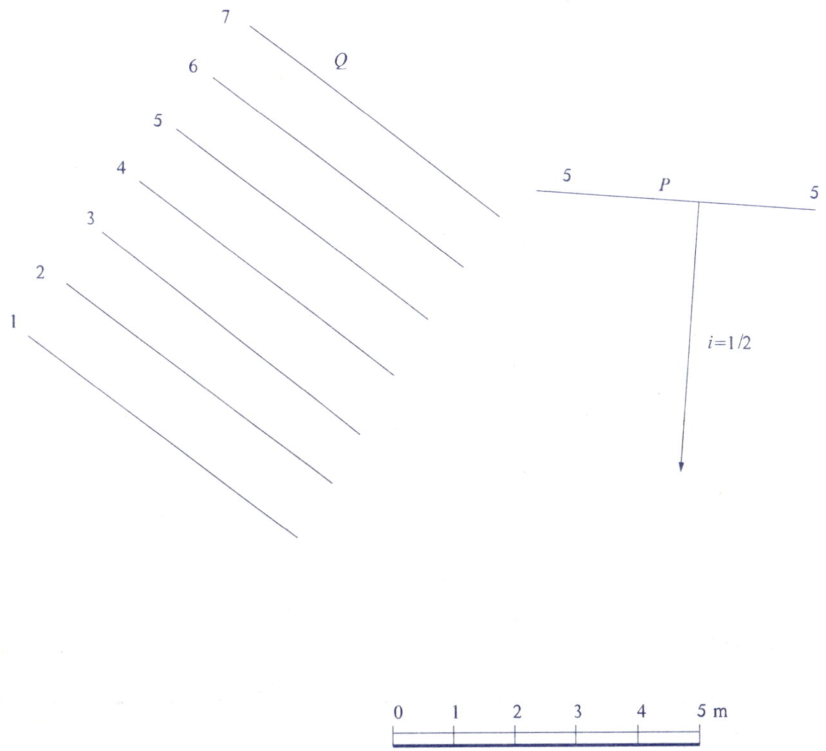

9-6　标高投影(六)	班级		姓名		学号		页次	66

在地面上修建一个平台，平台顶面标高为3 m，地面标高为0，求作该平台的标高投影图。

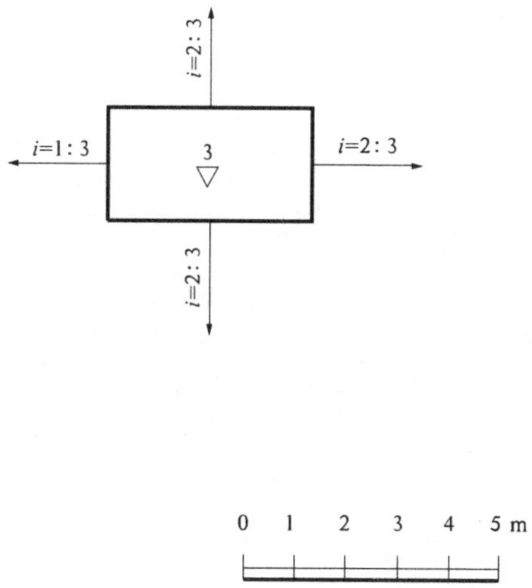

10–1　道路工程路线识图(一)	班级		姓名		学号		页次	67

下图是某高速公路路线平面图的一部分，试从图中找出以下信息:

(1) 指出该路段由哪些地形组成，出现了哪些地物、地貌?

(2) 试述平面线形的组成类型及其线性要素。

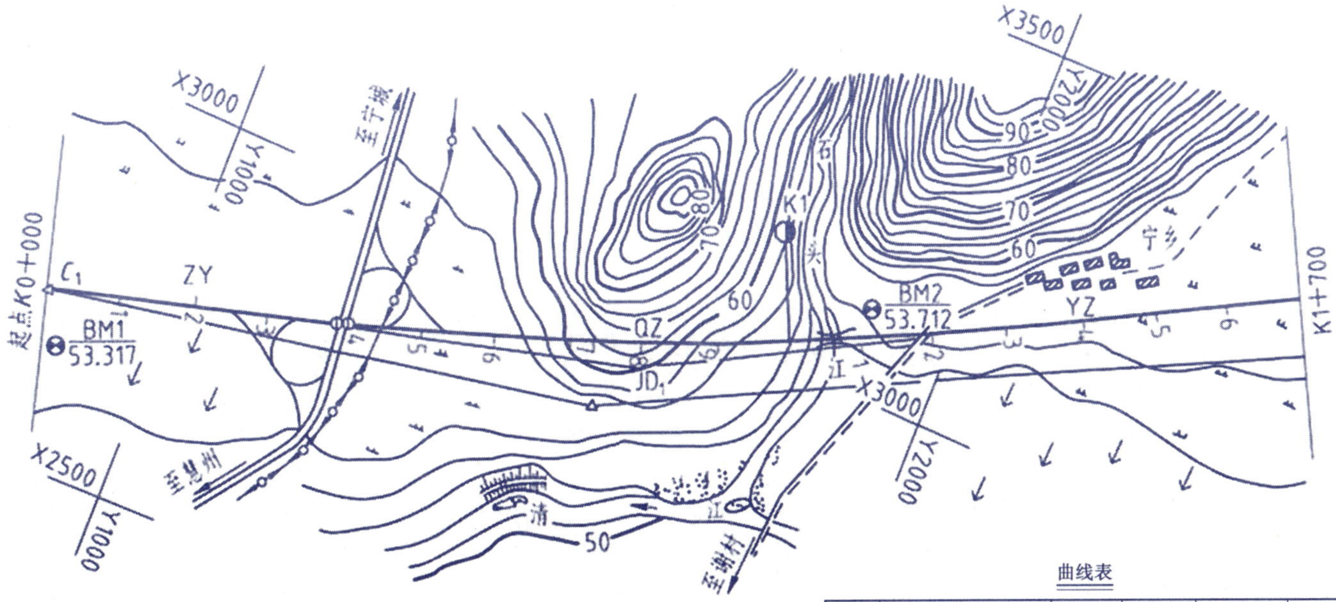

曲线表

No	C		R	L	T	E
	Z	Y				
JD_1	12°30′16″		5500	602.56	1200.34	32.91

通过识读下面某高速公路的一段纵断面图，试将图表填写完整。

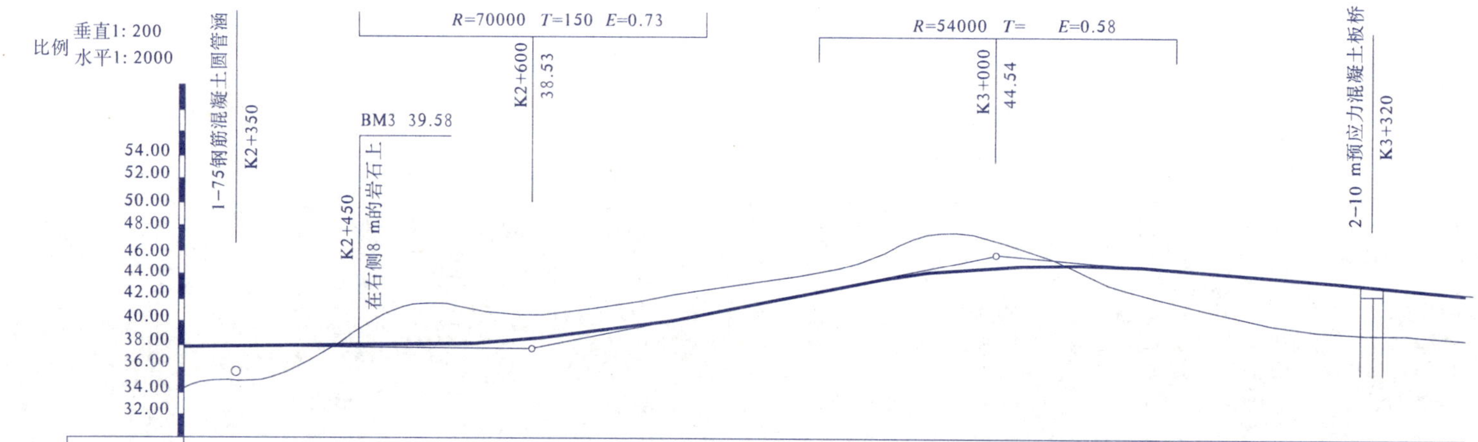

地质概况	该地段主要由第四系松散沉积层所组成，地层岩性主要为低一高液限黏土																						
坡度(%) / 距离	300 m 0.3																						
填高																				4.23	4.00	3.93	3.73
挖深				1.49	3.75									3.21	2.46	0.34							
设计高程	37.92	38.18	37.95	37.81	37.75	38.24	38.53	39.17	39.86	40.80	41.77	42.73	43.82	44.29	44.54	45.06	45.05	44.72	44.13	43.83	43.20	42.93	42.43
地面高程	34.30	35.00	36.30	39.30	41.50	41.10	40.60	41.20	42.00	42.80	43.50	44.30	45.80	47.50	47.00	45.40	43.10	41.80	40.50	39.60	39.20	39.00	38.70
里程桩号	2+300.00	2+350.00	2+400.00	2+450.00	2+500.00	2+550.00	2+600.00	2+650.00	2+700.00	2+750.000	2+800.000	2+850.000	2+900.000	2+950.000	3+000.000	3+050.000	3+100.000	3+150.000	3+200.000	3+250.000	3+300.000	3+350.000	3+400.000
平曲线	JD3 R=3 000 α=51°49′13″																						

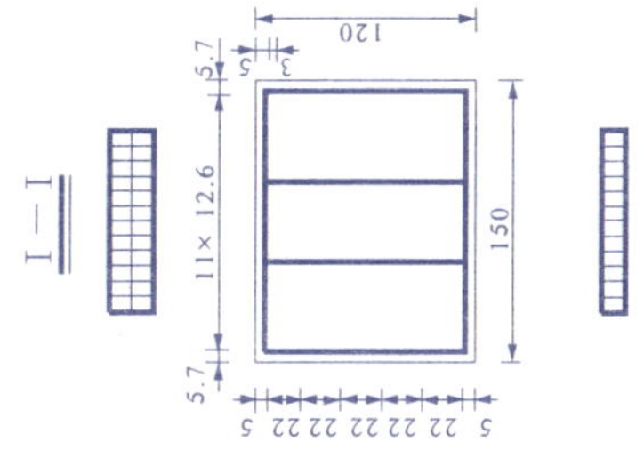

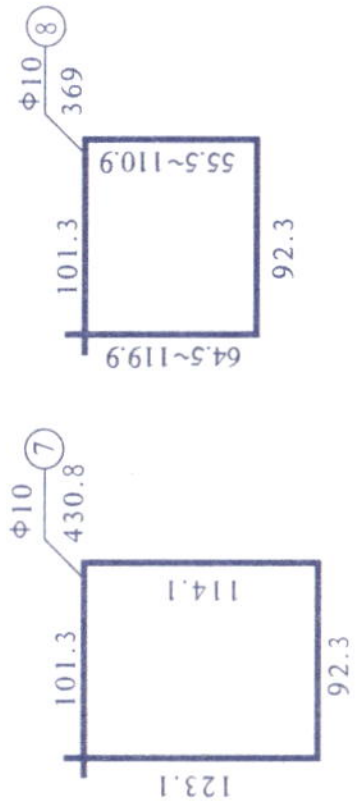

桥墩盖梁工程数量表

编号	直径（mm）	长度（cm）	根数	共重（kg）	C30混凝土（m^3）
1	Φ28	588.0	12	676.2	8.33
2		540.0	2		
3		527.8	2		
4		600.0	8		
5	Φ12	570.0	4	34.4	
6		398.0(平均)	4		
7	Φ10	430.8	24	182.2	
8		369.0(平均)	52		

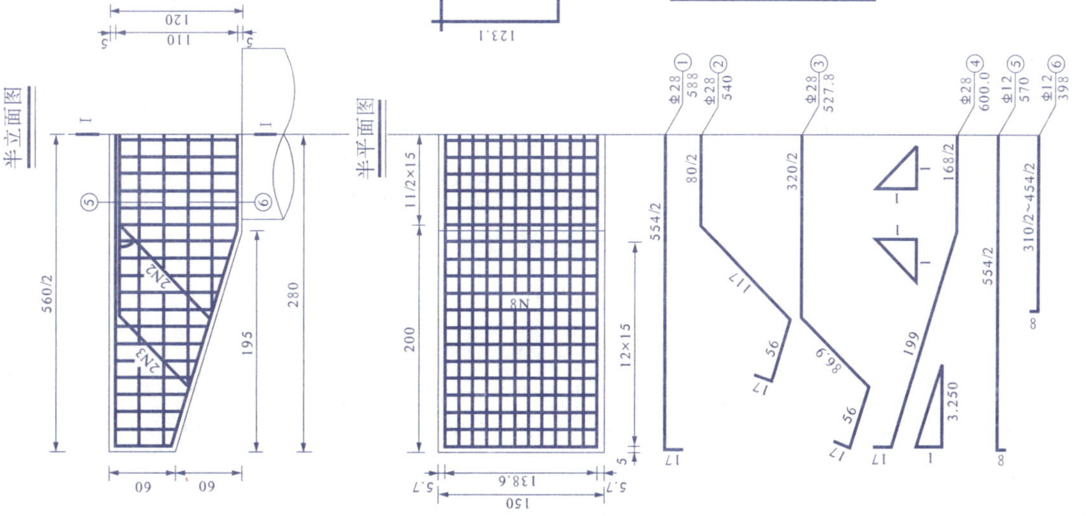

11-2　抄绘桥隧工程图	班级		姓名		学号		页次	70

一、任务

1.抄绘教材图11-13所示桥梁总体布置图。

2.抄绘教材图11-17所示桥台盖梁钢筋构造图。

二、目的

1.熟悉一般桥梁工程图的内容和要求，熟悉一般钢筋结构图的图示特点。

2.掌握绘制桥梁工程图的方法和步骤，掌握绘制钢筋结构图的方法和步骤。

3.能正确阅读和使用桥梁工程图；能正确阅读和使用钢筋结构图。

三、要求

1.图幅：A3。

2.比例：自选合适的比例。

3.图线：用铅笔绘制，粗线：中粗线：细线=b：0.5b：0.25b，粗实线用0.5 mm。剖切到的轮廓线用粗线，可见轮廓线用中粗线，尺寸线、剖面线、示坡线等均用细实线。

4.字体：长仿宋字，图名用7号汉字，其他汉字用5号字，比例、尺寸数字、字母用3.5号或2.5号字。

四、说明

1.画图前仔细读懂所绘图样，掌握桥梁各部分构件的投影特性。

2.画图步骤和方法如下：

(1)选取适当的比例，按比例合理安排图的位置；横剖面的比例可根据需要适当放大。

(2)定各图的基准线。其中立面图和侧面图以桥面线为高度方向基准线，以桥纵向对称线为长度方向基准线，平面图以桥中心线为基准线。

(3)用铅笔轻画各主要构件的轮廓线。

(4)画细部线条。

(5)检查正确后，用B软铅笔加深图线。

(6)最后标注尺寸，注写必要说明等。

11-3 抄绘桥墩一般构造图	班级		姓名		学号		页次	71

立面图

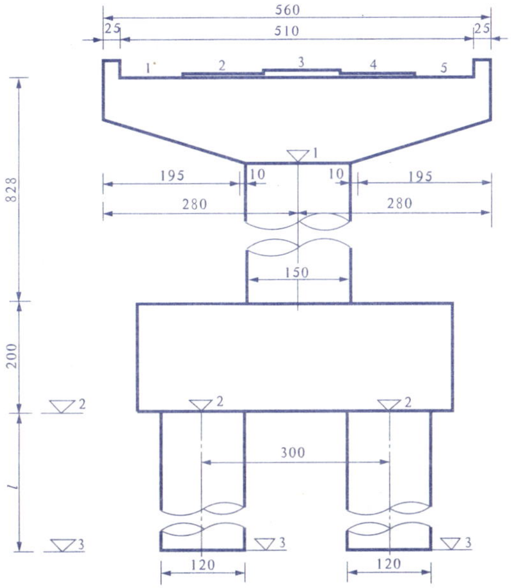

侧面图

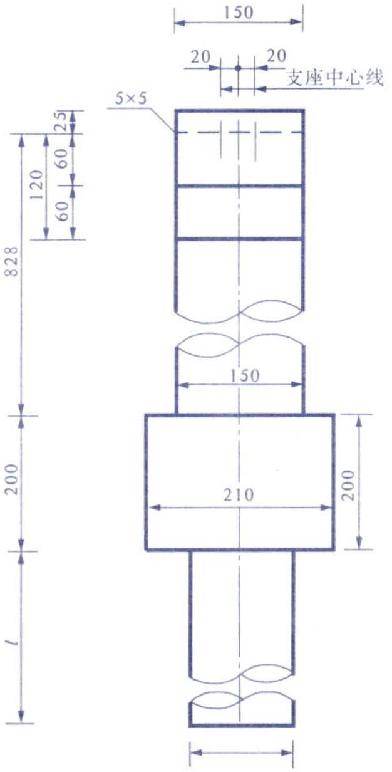

平面图

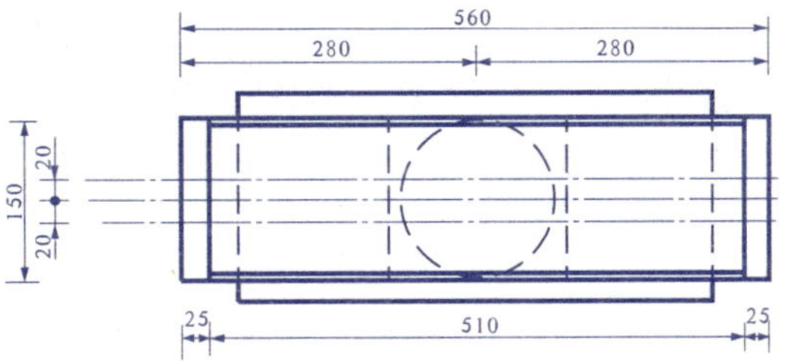

尺寸表

▽1 (m)	▽2 (m)	▽3 (m)	l (cm)
94.061	84.981	76.981	800
94.061	84.981	76.981	800

注：1.本图尺寸均以cm为单位。
2.各墩柱号由路线前进方向从左至右排列。
3.墩帽横坡由台阶设置，台阶高差2.0 cm，混凝土C40。

11-4 填空	班级		姓名		学号		页次	72

1.写出钢筋符号。Ⅰ级钢筋:__________,Ⅱ级钢筋:__________,Ⅲ级钢筋:__________,Ⅳ级钢筋:__________,冷拉Ⅱ级钢筋:__________。

2.绘制钢筋结构图时,构件的轮廓用________线表示,钢筋用________线表示,钢筋的横截面用________表示。

3.按钢筋在梁内的作用不同,可分为__________、__________、__________、__________、__________。

4.为了增加光圆钢筋与混凝土的黏结力,将钢筋端部做成__________。钢筋的弯钩形式有________、__________和__________三种。

5.在桥梁工程图中,钢筋直径的尺寸以________为单位,标高以______为单位,其余尺寸均以______为单位。

6.桥梁总体布置图中平面图通常用____来表达。

7.桥梁由上部结构________、下部结构________及附属结构________组成。

8.阅读下图所示的钢筋混凝土梁2—2剖面图,并填写以下各项。

①号钢筋的级别______,直径_______,根数________,名称________。

④号钢筋的级别______,直径_______,根数________,名称________。

⑤号钢筋的级别______,直径_______,根数________,名称________。

“@160”的意义________________________。

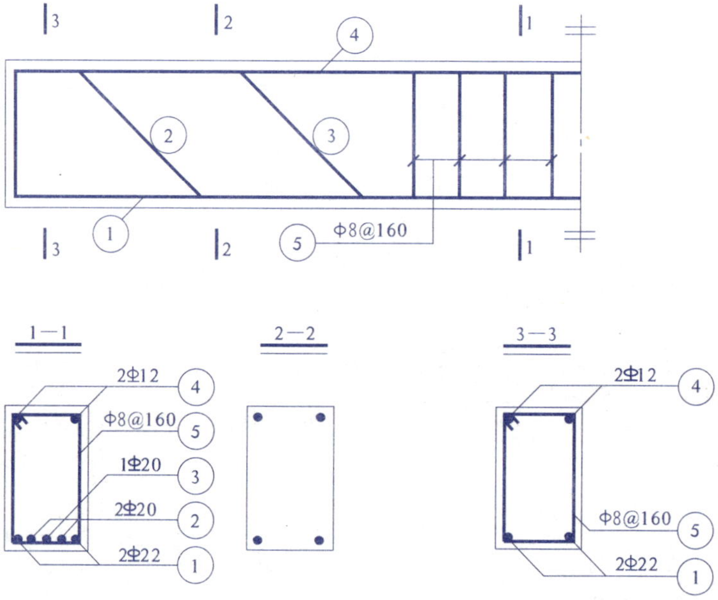

12-1　抄绘钢筋混凝土盖板涵布置图	班级		姓名		学号		页次	73

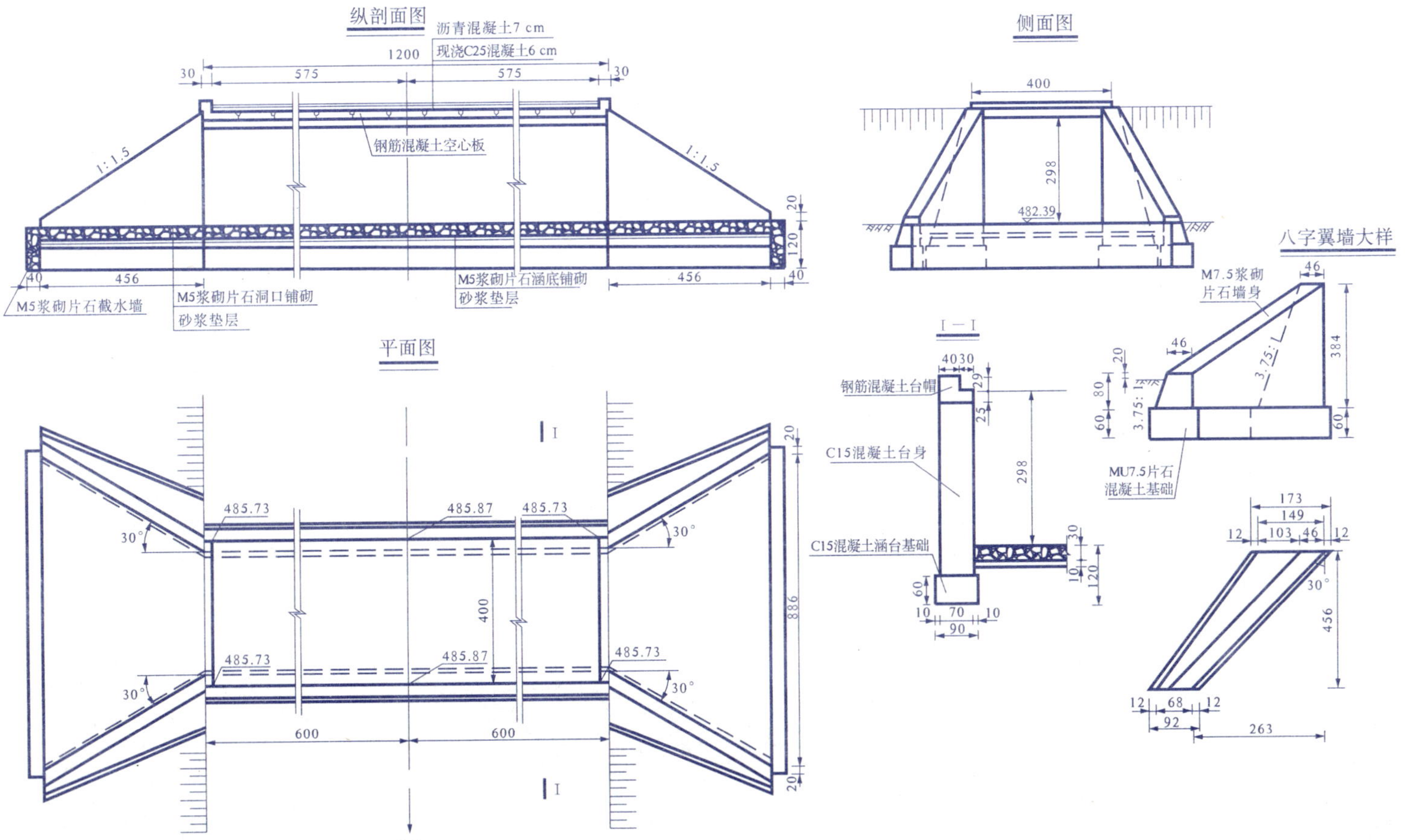

注：1.本图除标高、桩号以m计外，其余均以cm计。
　　2.基底土最大承载力152 kPa。

12-2 抄绘圆管涵工程图	班级		姓名		学号		页次	74

纵剖面图

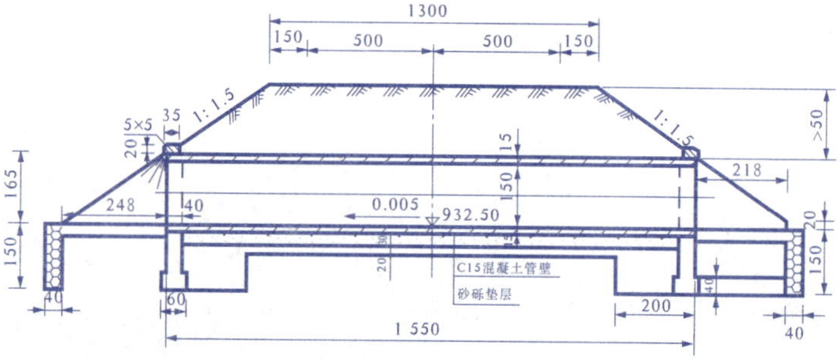

下游洞口立面图

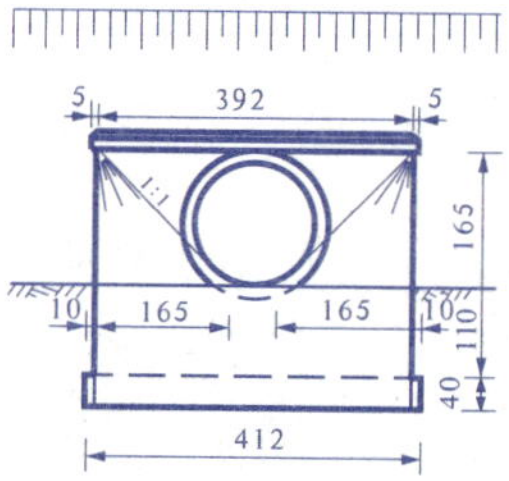

上游洞口立面图

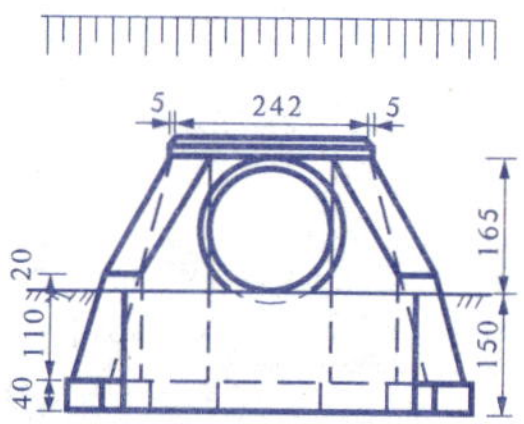

平面图

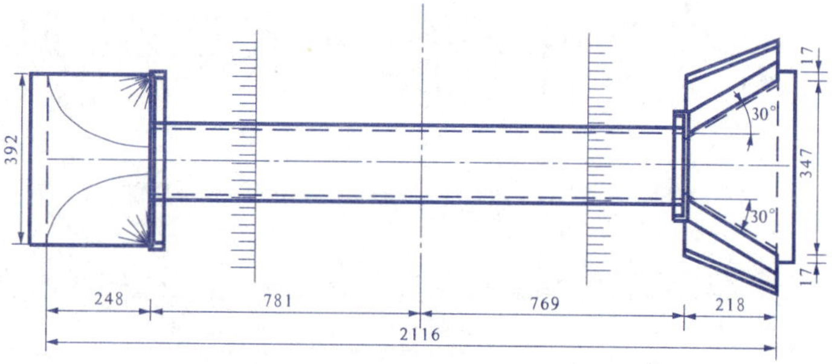

洞口八字翼墙大样图

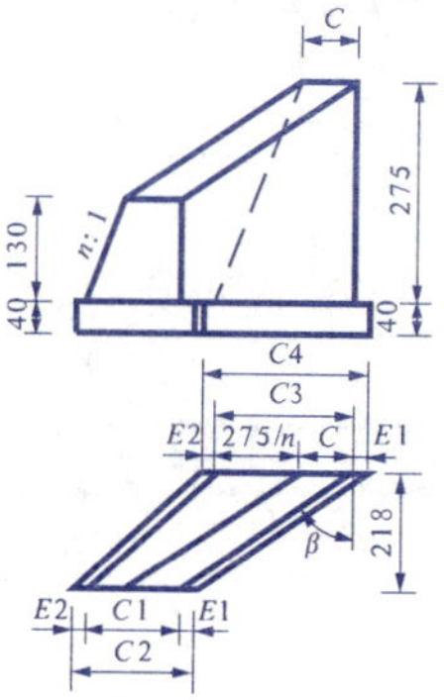

工程数量表

工程项目名称	单位	数量
C15混凝土端墙墙身	m^3	4.94
C10混凝土端墙基础	m^3	1.62
C15混凝土管基	m^3	12.74
C15混凝土墙帽	m^3	0.46
砂砾垫层	m^3	8.96
7.5号浆砌片石洞口铺砌	m^3	2.32
7.5号浆砌片石隔水墙	m^3	5.00
7.5号浆砌片石锥坡	m^3	1.71
锥心填土	m^3	1.82
C15混凝土八字翼墙墙身	m^3	6.75
C10混凝土翼墙基础	m^3	2.14
1 m管节个数	个	15
0.5 m管节个数	个	1
2个斜管节长度	cm	10

尺寸表

代号 墙别	β_1 (°)	β_2 (°)	n	C (cm)	$C1$ (cm)	$C2$ (cm)	$C3$ (cm)	$C4$ (cm)	$E1$ (cm)	$E2$ (cm)
大翼墙	30		3.75	46.2	80.8	103.8	119.5	142.5	12	11
小翼墙		30	3.75	46.2	80.8	103.8	119.5	142.5	12	11

注:

1. 本图尺寸除标高以m计外，其余均以cm计。
2. 涵洞全长范围内设沉降缝3~4道，其位置以设在路基中部和行车道外侧为宜。
3. 管基混凝土可分两次浇筑，先浇筑底下部分，注意预留管基厚度及安放管节坐浆混凝土2~3 cm，待安放管节后再浇筑上部混凝土。
4. 翼墙垂直断面的背坡为4:1，宽度40 cm。

12-3　抄绘盖板涵构造图	班级		姓名		学号		页次	75

半纵剖面图

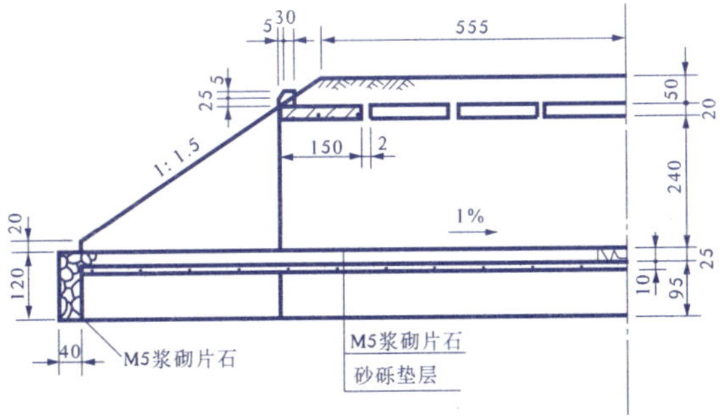

洞口立面图

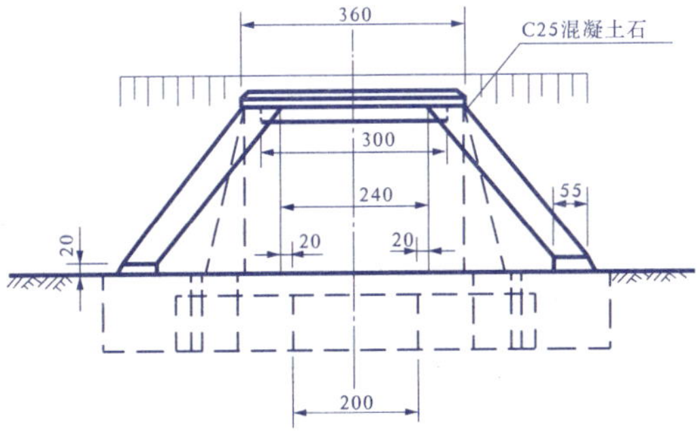

半平面及半剖面图

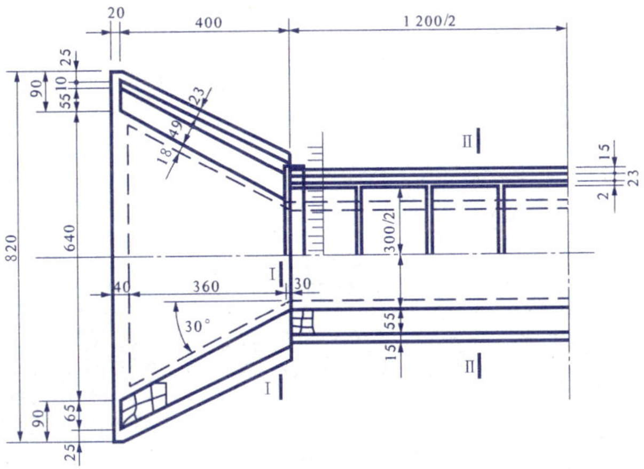

I — I

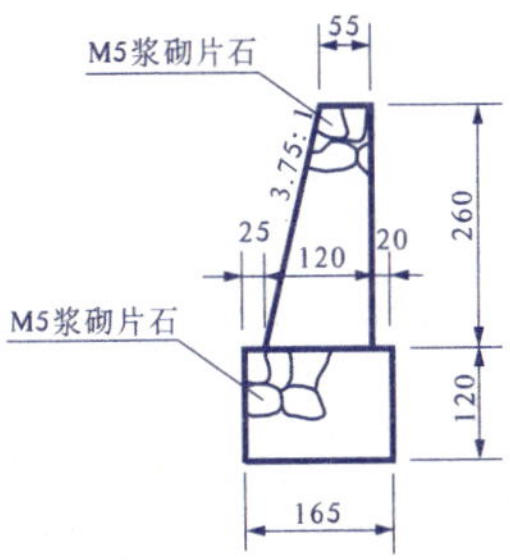

II — II

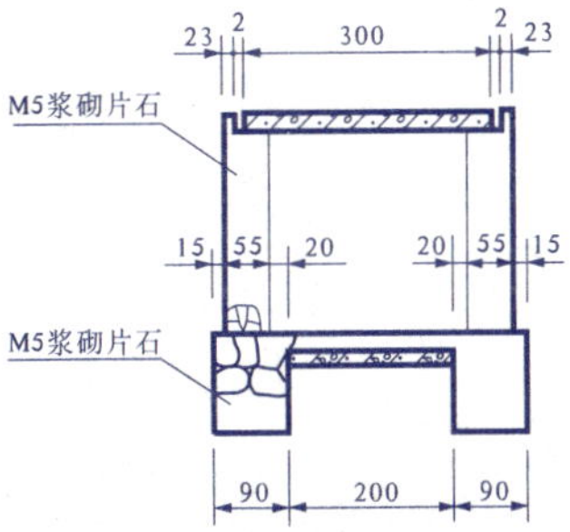

注: 1.本图除标高、桩号以m计外, 其余均以cm计。
2.本图采用1: 50的比例。
3.基底土最大承载力105 kPa。